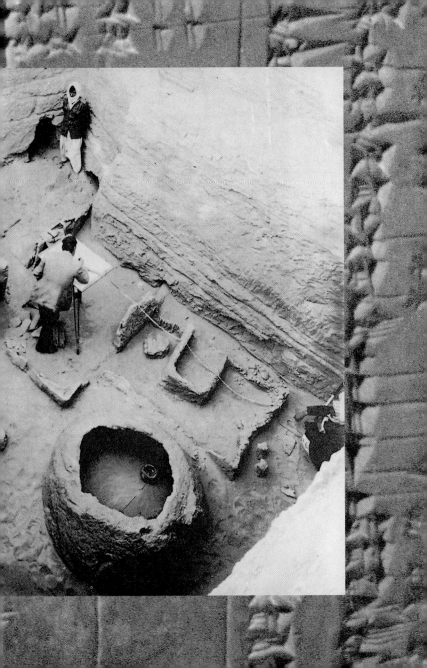

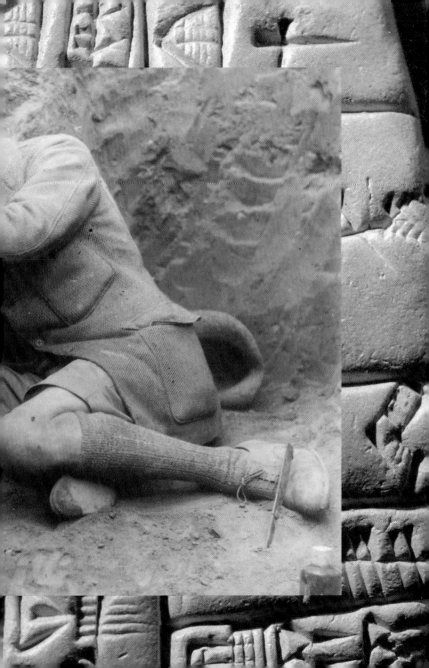

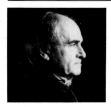

Bibliste et assyriologue, Jean Bottéro est depuis 1958 directeur d'études (assyriologie) à l'Ecole pratique des hautes études (sciences philologiques et historiques). Il a participé notamment aux fouilles de Mari (1952-1953) et à celles d'Uruk/Warka (1958-1959 ; 1962-1963 ; 1964). Il a beaucoup travaillé, depuis cinquante-cinq ans, avec le père Marie-Joseph Stève, dominicain, grand connaisseur du Proche-Orient ancien, et archéologue, de longues années, à Jérusalem (Ecole biblique et archéologique française), en Iran (à Suse) et en Iraq (tell el-Deir).

*1ᵉʳ dépôt légal : novembre 1993
Dépôt légal : novembre 1999
Numéro d'édition : 92952
ISBN : 2-07-053254-2
Imprimé en Italie
par Editoriale Lloyd*

IL ÉTAIT UNE FOIS
LA MÉSOPOTAMIE

Jean Bottéro et Marie-Joseph Stève

DÉCOUVERTES GALLIMARD
ARCHÉOLOGIE

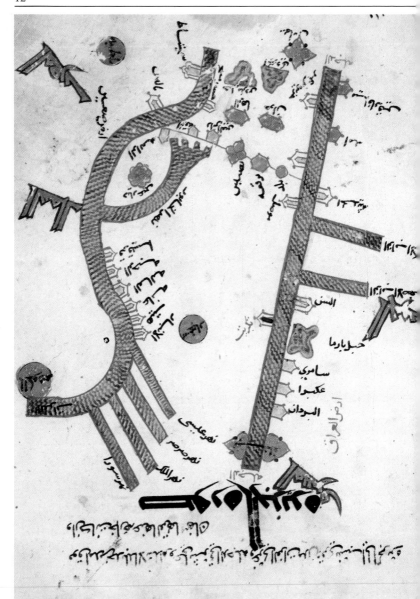

« **K**ush engendra Nimrud, le premier qui fût tout-puissant sur la terre.
Fameux chasseur devant Yahvé !
Son royaume fut d'abord centré
sur Babylone, Uruk et Agadé,
toutes villes du pays de Sumer.
C'est de là qu'il partit en Assyrie,
fonder, non seulement Kalakh,
mais Ninive, la plus grande des villes. »

Genèse, X

CHAPITRE PREMIER
LE SECRET DES «ÉCRITURES PERSÉPOLITAINES»

A vant sa redécouverte par les Occidentaux, la Mésopotamie était visitée par les géographes arabes (à gauche, une carte du Xᵉ siècle, en partie inversée) : l'Euphrate et ses tributaires, d'amont (Habur) et d'aval (canaux), à l'ouest, et, à l'est, le Tigre et ses deux Zâb. Le Golfe persique n'est pas figuré. Ci-contre, la tour de Babel et Babylone imaginées par un peintre du XVIᵉ siècle.

Après trois millénaires d'existence et de rayonnement, et quelques siècles de vieillesse, l'antique et magnifique civilisation mésopotamienne est morte, à la naissance de la nôtre, abondamment nourrie de ses dépouilles. Sortie alors de la mémoire pour près de deux mille ans, on l'a lentement redécouverte au long du siècle dernier. Exceptionnelle et exemplaire, cette résurrection n'a pas été d'abord l'œuvre de têtes brûlées, d'explorateurs, de fouilleurs, d'archéologues, mais avant tout de déchiffreurs et d'historiens, paisiblement assis à leur table de travail, à réfléchir sur d'impossibles grimoires, à supputer, comparer et déduire. Un peu comme ce Le Verrier qui avait découvert, sans l'avoir jamais aperçue, au bout de ses équations seules, la planète Neptune, que les astronomes purent alors voir briller, leurs lunettes pointées sur ses indications. Suite aux interminables travaux conjoints d'une pléiade de savants, c'est d'abord cette retrouvaille extraordinaire de tout un univers disparu qu'il faut résumer ici, avant de présenter le monumental bilan de ce coup de la chance et de l'intelligence.

Les premiers voyageurs par-delà le pays de la Bible

« Patrie » de l'Occident chrétien, la Palestine n'a cessé d'en recevoir, depuis les premiers siècles, moins de simples curieux que des pèlerins, lesquels la parcouraient de long en large,

LIM BABYLON AEGYPTI MAXIMA VRBS

publiant volontiers, au retour, ce qu'ils avaient trouvé dans cette Terre sainte. A l'arrière-pays, cependant, par-delà le désert syro-arabe, la Mésopotamie n'offrait pas le moindre intérêt, religieux ou autre ; et après la campagne et la mort sur place, en 363, de l'empereur romain Julien l'Apostat, un lourd manteau d'obscurité et d'oubli était tombé sur ce coin de la terre. On n'en connaissait plus rien que ce qu'en avaient enregistré la Bible, d'une part, et, de l'autre, les vieux historiens, grecs et latins, entre le IVe siècle avant et le IVe siècle après notre ère : Hérodote, Xénophon, Diodore de Sicile, Pline l'Ancien, Strabon et quelques autres. Mais qui les consultait pour s'enquérir de ce pays perdu ?

Seul trait authentique de cette vue imaginaire de Babylone : la figuration de l'Euphrate. Le titre lui garde son antique réputation de «plus grande ville du monde», mais il la situe en Egypte ! A gauche, ce que Pietro della Valle avait pris pour les ruines de la tour de Babel : en fait, celles de la ziqqurrat de Borsippa, à 20 km au sud-ouest de Babylone.

Le premier redécouvreur d'une contrée aussi loin des préoccupations est un rabbin navarrais, Benjamin de Tudèle, qui visita Mossul et ses alentours, aux environs de 1160, y retrouvant les ruines informes de ce qui avait été Ninive, la capitale des Assyriens formidables. De siècle en siècle, quelques voyageurs se sont risqués à lui emboîter le pas, publiant, au retour, comme lui, le récit de leurs trouvailles. Pour ne mentionner que les plus notables : le Romain Pietro della Valle, vers 1620 ; le Français Jean-Baptiste Tavernier, autour de 1644 ; et, en 1770, le Danois Carsten Niebuhr, lesquels, depuis Babylone, avaient poussé jusqu'au cœur de la Perse et aux vastes décombres de Persépolis. C'est par les comptes rendus de ces intrépides curieux que l'Occident a, peu à peu,

renoué avec ce vieux territoire, jadis le centre du monde civilisé, mais que l'usure du temps et la léthargie culturelle de ses habitants avaient réduit à l'état d'un presque désert, semé de quelques oasis villageoises et urbaines et recouvert de ruines, lesquelles, en Mésopotamie du moins, n'avaient même pas la triste majesté de la pierre écroulée...

«Le roi commanda de graver ses hauts faits en lettres assyriennes, pour mémoire éternelle» (Bérose)

Tous disaient avoir été frappés, entre autres, par des signes bizarres, tracés sur brique ou sur pierre, en forme de coins ou de clous, qui se retrouvaient un peu partout et paraissaient former une mystérieuse écriture. Depuis Pietro della Valle, ils en avaient tous rapporté, parmi d'autres reliques, ou quelques spécimens, ou des reproductions plus ou moins fidèles. Brèves ou étendues, on les trouvait surtout à Persépolis et alentour.

Lorsque Niebuhr, après en avoir pris et publié de soigneuses copies, se posa des questions sur leur sens et leur contenu, quelques historiens se mirent en tête

Les premiers caractères cunéiformes présentés en Europe (vieux-perse ; cinq en tout) ont été recopiés à Persépolis, en 1621, par Pietro della Valle. Celui-ci les communique, par lettre, à un ami de Naples. Il les tient pour de l'écriture, mais se demande dans quel sens on les marquait, et si chacun représentait une lettre, ou un mot.

Le géographe allemand d'origine danoise Carsten Niebuhr (1733-1815) entreprend en 1770 un voyage en Perse et en Mésopotamie (ci-dessus en costume local). Il passe trois semaines à Persépolis et, fasciné par ses ruines, dessine, esquisse des plans et copie des inscriptions.

de percer le secret de ces insolites grimoires. Seuls, raisonnaient-ils, de puissants souverains locaux pouvaient avoir fait exécuter cette débauche d'écritures, dont les plus nourries encadraient l'orifice de vastes et orgueilleux sépulcres, creusés dans les

Le «caillou Michaux» est le premier monument «cunéiforme» connu en Europe. Il fut apporté à Paris en 1786 et déposé à la Bibliothèque nationale par le botaniste A. Michaux, qui l'avait acheté à Bagdad en 1782. On essaya, dès 1802, d'en donner une interprétation et une traduction, hautement fantaisistes. Il ne pouvait guère, comme tel, servir au déchiffrement. Gravé (non loin de Babylone, pense-t-on) vers la fin du IIe millénaire, c'est un *kudurru* : borne-limite portant un acte de donation de terre, avec figuration symbolique des dieux invoqués dans le texte pour garantir le transfert contre tout opposant ou contrevenant.

falaises rocheuses. Tout cela paraissait beaucoup plus ancien que les Sassanides, qui avaient dominé la région de 226 à 651 ; et l'on finit par remonter jusqu'aux antiques Achéménides (558 à 331 avant notre ère), les premiers grands souverains du pays, qui l'avaient sorti du non-être et avaient créé Persépolis pour une de leurs capitales, et dont les vieux historiens grecs avaient parlé d'abondance. Ces inscriptions se présentaient régulièrement en trois colonnes parallèles, leurs caractères composés des mêmes éléments «cunéiformes» qui avaient étonné les voyageurs.

Sur la paroi rocheuse de Naqsh-é Roustam, à 10 km au nord-ouest de Persépolis, Darius Ier avait fait creuser son sépulcre. L'entrée en était encadrée de deux inscriptions trilingues, à sa gloire : l'une, en haut, parfaitement conservée et lisible ; l'autre, dessous, en partie détruite.

Cependant, observés de près, leurs dessins ne se recouvraient guère d'une colonne à l'autre, et, le décompte fait, si la première n'en présentait qu'une quarantaine de différents, la deuxième poussait jusqu'à la centaine, et la troisième, au demi-millier ! Il devait donc s'agir, dessinées au moyen des mêmes traits élémentaires, de trois écritures disparates, recouvrant apparemment chacune un idiome distinct, mais ainsi juxtaposées pour noter, vraisemblablement, le même discours. Comment le déchiffrer ?

Champollion devait avoir la chance de se fonder d'emblée sur un « bilingue » : un libellé parfaitement intelligible, en grec, de même contenu que les hiéroglyphes voisins, dont il voulait surprendre le secret. Mais les trois « écritures persépolitaines » se trouvaient également impénétrables. Pour les forcer, sans doute le plus sage était-il de s'attaquer d'abord à la première, dont le nombre relativement peu élevé des caractères laissait imaginer un système

Le même Darius et son fils, Xerxès Iᵉʳ, avaient fait graver chacun dans une niche aménagée sur les pentes du mont Elvend, voisin de la ville de Hamadan (Agmadana en vieux-perse ; l'Ecbatane des historiens grecs), une inscription commémorative d'une vingtaine de lignes. On voit, à gauche, deux personnages en train de relever ces inscriptions au cours d'une expédition menée en Perse en 1840-1841, par deux artistes, E. Flandin et P. Coste, qui avaient pour mission de mesurer et dessiner, avec toute l'exactitude possible, les restes d'antiquités qui subsistaient encore dans ce pays.

alphabétique, plus aisé à maîtriser. Avantage supplémentaire : des « clous » obliques y paraissaient bel et bien isoler les groupes de signes allant ensemble : les mots.

Un jeune Allemand jette, en 1803, les bases du déchiffrement

Intervint alors, et même, conte-t-il, suite à un pari de venir à bout de tels grimoires, Georg Friedrich Grotefend, jeune professeur de latin à Göttingen. Reprenant quelques hypothèses timidement avancées par ses prédécesseurs, il se dit, tout d'abord, que la seule « entrée » possible dans cette masse compacte d'une langue inconnue notée par des signes tout aussi énigmatiques, ne serait fournie que par des noms propres, lesquels, ne changeant en bonne règle pas beaucoup d'une langue à l'autre, devaient se repérer plus aisément. Or, grâce aux historiens grecs, on connaissait fort bien, dans l'ordre dynastique, les noms des membres de la lignée achéménide : Cyrus, Cambyse, Hystaspe, Darius, Xerxès, Artaxerxès...

En examinant et comparant de près entre elles les inscriptions les plus aisées à traiter : les plus courtes, Grotefend n'y remarqua pas seulement des « mots » identiques, composés des mêmes signes et dans le même ordre, répétés çà et là, d'une inscription à l'autre, ou dans la même, parfois avec une finale différente, mais, entre eux, d'autres, variables, intercalés et éventuellement répétés à des rangs divers, selon les inscriptions. Devant ces épigraphes

Georg Grotefend (1775-1853), se heurta à l'hostilité de l'académie de Göttingen qui refusa de publier intégralement le travail décisif d'un obscur professeur, pas même orientaliste! Il finira sa carrière de fonctionnaire à Hanovre comme directeur du lycée.

Propriété du comte de Caylus et publié dès 1752, on essaya d'abord, en vain, de déchiffrer l'inscription portée sur ce vase : le nom et le titre de Xerxès, gravés dans les trois «écritures persépolitaines» et également en hiéroglyphes égyptiens.

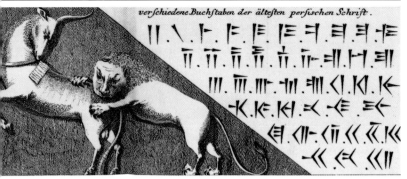

verschiedene Buchstaben der ältesten persischen Schrift.

solennelles, on pouvait penser à ce que nous appelons des « protocoles royaux », dans lesquels les souverains sassanides, par exemple, se présentaient eux-mêmes, avec leur nom et leur titre, suivis des noms et du titre de leurs ascendants : « Je suis Untel, roi, fils de Untel, roi, (petit-)fils de Untel, roi... » Compte tenu de leurs éléments phonétiques récurrents – tel le *r* de Cyrus, Darius et Xerxès –, et de leur place variant d'un

protocole à l'autre, suivant l'auteur de l'inscription, l'astucieux déchiffreur, au prix de force tâtonnements, perplexités et reprises dont nous ne saurons jamais rien, parvint à identifier assez bien, et à lire, les noms des rois qui figuraient dans ces grimoires : Hystaspe, Cyrus, Darius et Xerxès. Ayant ainsi acquis la valeur phonétique suffisante d'une poignée de signes de la mystérieuse écriture à laquelle il s'était attaqué, il se trouvait dès lors en position d'utiliser ses modestes conquêtes pour tenter de pousser plus loin : de lire, ou de deviner, plus ou moins, les termes insérés entre ces noms

Niebuhr n'avait pas uniquement reproduit des reliefs de Persépolis et recopié avec soin les inscriptions qu'on y trouvait (ci-dessus), mais, en examinant de près le texte, il en avait distingué et identifié un certain nombre de caractères. Pour la « première écriture » (vieux-perse), il en comptait quarante-deux, dont il avait établi la liste, dûment classée par leur forme. C'est cette table qui devait être fort utile à Grotefend, lorsqu'il s'attaqua, pour commencer, aux plus courtes épigraphes, dont celle de Xerxès, ici reproduite. Moyennant le tableau dressé par Niebuhr, on peut y déceler, comme lui, l'alternance des groupes de signes identiques (titres et noms de parenté) et différents (noms propres).

royaux. Le fait qu'à la différence de ces derniers, invariables, ils apparussent parfois avec des finales modifiées, suggérait une langue à « déclinaisons », du type *rex, regis*, du latin. Ce qui invitait à penser que l'idiome des inscriptions des plus anciens rois perses était déjà celui – appelé alors « zend » ; nous disons « avestique » – de leurs successeurs, connu, en Europe, depuis 1771, par la publication du *Zend-Avesta*, recueil des textes sacrés de la religion locale zoroastrienne. Une pareille conjecture, avérée, encourageait Grotefend à pressentir, au moins, sinon à épeler exactement, les mots « roi » et « fils », qui séparaient les noms propres, élargissant ainsi son

A vant Niebuhr, on disposait déjà de copies de quelques «inscriptions persépolitaines», les plus sûres dessinées par le voyageur Cornelius de Bruin, également connu sous le nom de Lebrun, et publiées par lui à Amsterdam, en 1714. L'une d'elles, ici reproduite, a été reprise et utilisée par Grotefend.

avancée dans les énigmatiques inscriptions de la « première écriture persépolitaine ».

Cinquante années pour percer tout le secret des quarante-deux signes du vieux-perse

Ces déductions, cet enchaînement d'hypothèses, encore circonspectes, mais qui se soutenaient assez bien l'une l'autre, entre septembre 1802 et mai 1803 – vingt ans avant la fameuse « Lettre à M. Dacier », dans

C ette courte inscription persépolitaine a été rapportée par le même de Bruin et offerte au célèbre orientaliste Silvestre de Sacy (1758-1838).

laquelle Champollion devait établir son déchiffrement des hiéroglyphes –, Grotefend les soumit à la Société royale des sciences de Göttingen, laquelle, il faut le dire à sa confusion, resta de marbre devant ces éclairs de génie.

Ce qui paraît avoir, non seulement arrosé d'eau froide l'enthousiasme du déchiffreur, mais porté malchance à ses recherches ultérieures : il devait revenir à maintes

ZEND-AVESTA,
OUVRAGE
DE ZOROASTRE,

Fig. 7. Anquetil Duperron's own copy of his *Zend-Avesta* (Paris 1771). See Appendix B. Courtesy of Cama Institute, Bombay.

reprises, jusqu'à sa mort, en 1853, sur les secrets des « écritures persépolitaines », sans plus y apporter jamais de nouvelles avancées décisives, voire en tenant parfois *mordicus* à des interprétations carrément aberrantes. Comme si le génie ne l'avait effleuré qu'un moment : à l'entrée du labyrinthe !

Il n'en avait qu'entrouvert la porte. Mais la « plus longue marche commence par un pas » : le branle était donné à la recherche, et celle-ci lancée sur la bonne voie. D'autres savants, au cours du demi-siècle ainsi brillamment inauguré, allaient s'acharner sur le problème et travailler, en somme, de concert : Rask, Münter, Silvestre de Sacy, Rich, Hincks, Norris, Talbot, Oppert, et surtout Rawlinson, officier de l'armée des Indes, infatigable parcoureur de la Perse et de la Mésopotamie, le plus brillant, le plus fécond de tous. En dépit de leurs efforts conjugués, il leur faudrait tout ce temps pour venir à bout des arcanes de la seule « première écriture » : pour en identifier correctement les quarante-deux signes, en comprendre le contenu intégral et en restituer la langue.

La publication en 1771 du *Zend-Avesta, Ouvrage de Zoroastre*, par l'orientaliste français Abraham Hyacinthe Anquetil-Duperron (1731-1805), devait apporter beaucoup aux premières tentatives sérieuses du déchiffrement. En dépit de ses imperfections, cet ouvrage fournissait, notamment, un tableau des deux états les plus anciens de la langue perse : le *pehlvi* («moyen-perse»), et, avant lui, le *zend* («avestique»). Ces données ont permis à Silvestre de Sacy, en 1793, de lire et de comprendre les inscriptions pehlvi des rois sassanides, dont Niebuhr avait également rapporté d'excellentes copies, et, en particulier, leurs protocoles – «Je suis Untel, grand-roi, fils de Untel, roi...» –, dont la formule, heureusement appliquée par Grotefend aux inscriptions de Persépolis, devait lui permettre d'y ménager une première entrée, inaugurant de la sorte le long, mais assuré, déchiffrement.

Un système syllabique simplifié, une langue nouvelle

Car les choses n'étaient, ni simples, ni toujours comme on les attendait : d'où quantité d'hésitations, de bévues, de faux pas, plus ou moins vite corrigés. Ainsi, l'écriture en question n'était pas l'« alphabet » attendu, mais une sorte de système syllabique simplifié. On n'y notait que les trois voyelles connues par la langue : *a*, *i* et *u* ; mais compte tenu de la large prédominance du *a*, tous les signes consonantiques se lisaient d'office, ou seuls, ou affectés de ce phonème vocalique, lorsqu'ils n'étaient pas explicitement complétés par un *i* ou un *u*. On y trouvait donc, bel et bien, deux *G*, deux *H*, trois *D*, trois *M*... : ce qui avait d'abord embrouillé le travail des déchiffreurs, habitués à l'univocité de nos alphabets. D'autre part,

Sur la route de Hamadan/Ecbatane à Kirmanshah, à une trentaine de kilomètres de celle-ci, la masse rocheuse de Behistun/Bisutun, déjà connue des auteurs grecs (Bagistana), et de tous temps remarquée par les voyageurs, se dresse en un énorme bloc de quelque 500 m de hauteur. A plus de 100 m du sol, Darius y avait fait tailler une scène de soumission à lui rendue par les représentants de peuples qu'il avait

cinq caractères n'avaient aucune valeur phonétique ; ils renvoyaient directement, chacun, à une réalité : l'un au « roi », les autres au « pays », à la « terre », au « dieu » et à la divinité suprême du système religieux local : Ahura-Mazda. C'était donc moins des abréviations que ce que nous appelons des « idéogrammes », analogues à notre main à l'index pointé pour marquer la direction à prendre.

Quant à la langue ainsi notée, elle était en effet, comme attendu, proche de l'avestique, ce qui favorisa

vaincus, et il avait fait graver, par-dessous, le récit trilingue de ses triomphes, de ses prouesses et de sa gloire. L'inscription paraît inaccessible.

grandement sa restitution, mais c'en était un état plus ancien, avec bien des différences, un peu comme le vieux français comparé au nôtre : si « dieu » s'y disait *baga* dans l'une comme dans l'autre, « moi » s'y articulait *adam*, au lieu de *azem*, et « fils », *puça* au lieu de *puthra*...

Behistun, la reine des inscriptions

Ce qui a fait faire des pas de géant à ce déchiffrement, c'est la découverte de nouvelles inscriptions : surtout, en 1835, par Rawlinson, celle de Behistun, gravée en haut d'un énorme rocher, à une centaine de kilomètres au sud-ouest de Hamadan (l'ancienne Ecbatane). Elle offrait d'un coup, pour la seule « première écriture », plus de quatre cents lignes de texte, et une masse proportionnelle pour les deux autres.

Il fallait l'enthousiasme et la ténacité du plus grand des déchiffreurs, H. C. Rawlinson (ci-contre), pour s'y attaquer. Au prix de difficultés et de dangers que l'on peut imaginer, il commença d'en relever le texte, signe par signe, à partir de 1835. Avec maintes interruptions forcées, il lui fallut plusieurs années pour en venir à bout. Il publia le tout, « avec un mémoire sur les inscriptions cunéiformes perses en général », en 1846. Les innombrables répétitions et variantes parsemées dans ce document, les noms propres nombreux, de personnes et surtout de lieux, connus par ailleurs, et dont la lecture était ainsi assurée, permirent au génial Rawlinson de parachever le déchiffrement de la « première écriture » et de sa langue.

Un romantique au désert

Robert Ker Pòrter (1777-1842), paysagiste et portraitiste, apprécié du public anglais dès 1800, fut un peu plus tard encouragé par un cousin, président de l'académie russe des beaux-arts, à Saint-Pétersbourg, à parcourir le Proche-Orient, et surtout la Perse, pour y employer ses talents à reproduire, avec le plus de vérité possible, tout ce qu'il y trouverait de notable ou d'intéressant pour l'étude de l'Antiquité de ces pays : «Ne dessinez que ce que vous voyez... Gardez avec soin à vos reproductions leur caractère original...». Il devait suivre ces conseils, et ses quelque deux cents tableaux représentent un véritable trésor d'images authentiques, même si, çà et là, dans les paysages notamment, on ne peut s'empêcher de sentir quelque touche de romantisme. C'est ici le cas ; mais Ker Porter a parfaitement rendu, telle qu'il l'a vue de loin, en septembre 1818, la masse vertigineuse de la montagne de Behistun. Son voyage et les vues qu'il en avait rapportées, devaient, finalement, éveiller l'intérêt pour ce rocher fameux.

Tombeaux rupestres

C'est en juin 1818 que Ker Porter était arrivé à Naqsh-é Roustam. Sur le tableau qu'il en a laissé, on voit que la paroi rocheuse n'était pas occupée par le seul tombeau de Darius Ier : ici, à sa droite, en apparaît au moins un autre. En fait, si l'on écarte le fondateur de la dynastie, Cyrus le Grand (538-530), qui s'était préparé un orgueilleux mausolée au milieu de sa capitale, Pasargades (à 50 km au nord-est de Persépolis), les plus glorieux Achéménides avaient choisi, pour y reposer à jamais, la vallée grandiose de Naqsh-é Roustam, Darius Ier (521-486), Xerxès Ier (485-465), Artaxerxès Ier (464-424) et l'éphémère Xerxès II (424). Les deux autres tombeaux n'apparaissent pas sur le tableau de Ker Porter, la sorte d'excavation rectangulaire, à droite, portant un relief antérieur aux Achéménides.

Birs Nimrud

En passant à Behistun, Ker Porter était sur le chemin de Bagdad, où il séjourna quelque temps, à la fin de 1818, avant de s'en aller visiter Babylone, et Hilleh, sa voisine moderne. A une trentaine de kilomètres au sud de Hilleh, se trouvait la ville antique de Borsippa, liée d'assez près à Babylone, et qu'on appelle aujourd'hui Birs Nimrud. Il n'en subsiste quasi rien, qu'un vaste tell élevé, dominé par les restes d'un édifice en hauteur, dont les briques, curieusement, paraissent aujourd'hui avoir été vitrifiées, ou par un incendie très violent ou par la foudre. C'est cette ruine, ce monument fantôme qui surplombe, du haut de son socle de terre, le vaste et morne arasement de la plaine, qui a frappé Ker Porter et qu'il a voulu rendre. Lui aussi, comme d'autres, à commencer par Pietro della Valle, croyait être en présence des restes de la «tour de Babel»...
On n'a jamais encore fouillé sérieusement ce site méridional, lequel à ce jour, n'a rien livré de sensationnel ou de modeste, même en matière de documents cunéiformes, et encore moins de renfort à leur déchiffrement.

Son auteur, Darius le Grand, roi des Perses de 521 à 486 avant notre ère, y détaillait ses victoires, citant au passage quantité de noms géographiques, dont une bonne part était connue par ailleurs, ce qui facilitait l'identification de nouveaux caractères et les progrès de la lecture, non moins que l'intelligence de la langue.

Ainsi, au prix de plus de cinquante ans d'efforts considérables et conjugués d'une poignée de gens de bureau, historiens sédentaires, obstinés et longanimes, on était venu à bout d'une écriture totalement inconnue et d'une langue morte depuis vingt-cinq siècles : le vieux-perse, comme nous l'appelons. En outre, moyennant la traduction du contenu entier de la « première colonne », on s'était, au bout du compte, ménagé à grand-peine le « bilingue » sauveur, que Champollion, d'emblée et sans effort, avait eu à sa disposition. On pouvait donc, à son exemple, se lancer désormais d'un pas plus assuré dans l'inconnu des deux autres « colonnes ».

La deuxième écriture révèle un système syllabique d'une centaine de signes

Pour affronter cette nouvelle étape d'une aussi incroyable aventure de l'esprit, on n'avait pourtant pas attendu de se rendre maître du vieux-perse : à

mesure qu'on y progressait, depuis les tout premiers efforts de Grotefend, voire d'auparavant, on s'était astreint, méthode fastidieuse mais féconde, à comparer matériellement entre eux tous les détails des trois rédactions, tirant de ces mises en balance des conclusions, ou des hypothèses, qui jetaient toujours quelque rai de lumière sur les ténèbres de chaque écriture.

On avait assez vite compris, de la sorte, que la « deuxième » représentait bel et bien, pour le coup, un système franchement syllabique. Chaque signe y renvoyait à un son prononçable : une syllabe, le plus souvent de type simple (*a*, *gu* ou *ab*), parfois complexe (*pan*, *mush*), ces dernières pouvant, de toute évidence au gré du scripteur, se monnayer aussi bien en deux syllabes simples complémentaires (*pa-an*, *mu-ush*)... Plus nombreux que dans l'écriture du vieux-perse, un certain nombre de caractères, parfois en sus de leur valeur proprement phonétique, pouvaient servir d'« idéogrammes » et renvoyer directement à des choses : l'un d'eux, qui s'articulait syllabiquement *kur*, se rencontrait ailleurs pour désigner tout de go la « montagne » ; un autre, ici se lisait *an*, et là « dieu » ; un autre encore marquait

C'est bien après les grandes péripéties du déchiffrement que l'on s'est intéressé à la ruine de Suse, à la hauteur de Nippur, mais à 300 km à l'est, dans le sud-ouest de l'Iran, depuis longtemps repérée et visitée. Une des capitales des rois achéménides, elle leur était bien antérieure. Suse était un haut-lieu de l'Elam, Etat linguistiquement, culturellement et politiquement indépendant, voire souvent ennemi de la Mésopotamie. Après quelques excavations sans gloire, le site eut à la fois son grand assyriologue et son grand archéologue, Jacques de Morgan (à gauche), qui inaugura, en 1897, une série de campagnes fructueuses. Il avait pour collaborateur principal le dominicain Vincent Scheil (ci-contre), un excellent épigraphiste. C'est surtout à Suse qu'on a exhumé quantité de documents en langue élamite, auparavant attestée par la seule «deuxième colonne des inscriptions persépolitaines».

tantôt la syllabe *min*, tantôt «femme»; et l'on trouvait de même le titre de «roi», par endroits épelé *su-un-ku-uk*, autre part noté d'un signe unique, qui devait donc s'articuler *sunkuk*, désignation du souverain dans cette langue.

Enfin, phénomène inattendu, une demi-douzaine de caractères semblaient utilisés, non pour qu'on les prononçât d'une manière ou d'une autre : pour ajouter quelque chose au discours, mais comme simples «indicatifs» – afin d'alerter le lecteur sur la nature ou la catégorie de l'objet dont le nom suivait : un clou vertical devant un nom propre d'homme insistait sur le «sexe masculin» de celui-ci; un autre signe dénonçait une «femme»; un autre, un «dieu»; et ainsi de suite. Le système était donc encore plus compliqué que celui de la «première colonne», mais l'intelligence de ce dernier, toujours soutenue du renfort de la comparaison des noms propres, faisait progresser le déchiffrement.

L'élamite, une langue isolée

A la différence de la langue retrouvée dans la «première colonne», ni le vocabulaire, ni le système grammatical de celle que présentait la «deuxième» ne pouvaient être rattachés de près ou de loin à un quelconque langage connu. Pour le dire en passant, cet isolement est pour quelque chose dans le fait qu'on n'a alors, ni depuis, jamais poussé très loin l'étude de

Suse recelait, parmi d'autres richesses, bien des dépouilles enlevées de Mésopotamie par fait de guerre. Ainsi, entre autres et sans parler des incomparables stèle de Narâm-Sîn et «code» de Hammurabi, quelques statues de souverains du petit Etat d'Eshnunna, dans le bassin de la Diyâlâ, à une trentaine de kilomètres au nord-est de Bagdad. Celle représentée ici avait été surchargée, par ses spoliateurs, d'une inscription en langue élamite pour glorifier l'auteur de l'enlèvement.

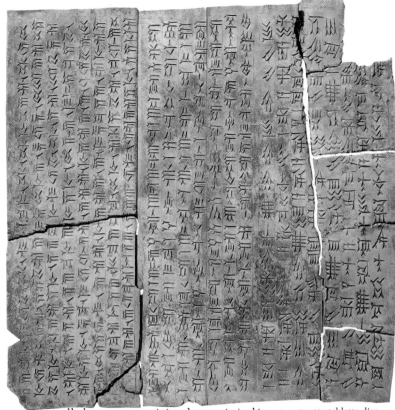

cette nouvelle langue ressuscitée : demeurée isolée, et mal documentée, en nombre et surtout en variété de textes. On ne savait quel nom lui donner, l'attribuant, les uns aux « Mèdes », les autres aux « Scythes », les autres, vaguement et curieusement, à des « non-Aryens ». Nous disons à présent élamite parce que, cette langue et cette écriture avaient été longtemps en usage dans la partie sud-ouest de l'Iran, autrefois appelée Elam. Et si les souverains achéménides les ont fait figurer dans leurs inscriptions officielles, c'était, à l'évidence, parce que le vieux royaume d'Elam, par eux conquis, représentait une portion capitale, tant culturelle que matérielle, de leur énorme empire.

Cette tablette d'or, trouvée à Hamadan en 1926, fait partie des quelques documents trilingues qui n'ont pas servi au déchiffrement : leur importance est plus historique que philologique. L'inscription est de Darius Ier, qui y souligne avec orgueil, dans ses trois langues habituelles, l'ampleur mondiale de son empire.

« Je reconnais humblement qu'après avoir identifié chaque signe et chaque mot babyloniens, pour lesquels je découvrais, directement ou en utilisant une clef, un indice dans les inscriptions trilingues, j'ai été, maintes fois, tenté de renoncer à poursuivre les recherches. Je désespérais d'obtenir la moindre conclusion satisfaisante. »

Rawlinson

CHAPITRE II
LES DÉCHIFFREURS

Les inscriptions royales, destinées à durer davantage et à témoigner de la magnificence du roi, étaient gravées sur pierre, voire sur métal.

Restait la « troisième colonne », avec son inquiétante panoplie d'un demi-millier de signes d'écriture. On brûlait d'autant plus d'en venir à bout qu'on y avait reconnu sans peine une complète identité avec le système partout présent en Mésopotamie propre : sur des briques, des plaquettes d'argile, des parois, des statues. En déchiffrer l'écriture et la langue, c'était donc revenir à cette Babylonie fameuse, conquise par Cyrus le Grand en 538 avant notre ère, d'où la place qu'elle tenait, et dans son vaste empire, et dans ses inscriptions solennelles.

L'on savait du reste – autre cause puissante d'intérêt – que l'histoire de ce pays remontait bien

Salmanassar III, roi d'Assyrie (858-824), dont le palais se trouvait à Kalakh (aujourd'hui Nimrud), sa capitale, avait fait préparer, pour y commémorer ses victoires, cet «obélisque» en albâtre noir de 2 m de hauteur sur 0,60 m à la base, et 0,40 m dans le haut, taillé en escalier, comme une ziqqurrat.

plus haut que les Achéménides : jusqu'aux Babyloniens vaincus par eux après un siècle de domination et de mainmise étendue jusque sur Jérusalem et le royaume israélite du Sud, et, auparavant encore, jusqu'aux terribles Assyriens, si mal vus par la Bible, et pour cause...

Un mélange de phonétique et d'idéographie

On s'était déjà attaqué aux grimoires de la « troisième colonne persépolitaine », concurremment avec l'étude des deux autres, faisant entre les trois libellés de nombreuses juxtapositions et comparaisons instructives. Ainsi avait-on noté une certaine ressemblance formelle entre plus d'un caractère des deux dernières écritures. Mais avec son demi-millier de signes, la « troisième » se trouvait étrangement exubérante : beaucoup trop pour un simple syllabaire, pas assez pour un système proprement idéographique, à la manière du chinois.

En tenant compte de la présentation des noms propres, que les deux versions parallèles permettaient de localiser, on retrouva d'abord, dans ce fouillis graphique, le mélange de phonétique et d'idéographie avec lequel l'écriture élamite avait déjà quelque peu familiarisé les esprits. Non seulement les caractères pouvaient se lire comme autant de syllabes, simples (*a*, *ba*, *ak*) ou complexes (*tuk*, *mush*, écrits aussi bien *tu-uk* et *mu-ush*), mais un grand nombre d'entre eux renvoyaient aussi, idéographiquement, à des

Sur près de deux cents lignes de texte, on trouvait sur cet «obélisque» un bref rappel des campagnes triomphales du roi, certaines d'entre elles illustrées par vingt panneaux, en bas relief, distribués sur les quatre faces du monument et qui représentaient les diverses populations vaincues faisant acte de soumission et apportant leur tribut au vainqueur – parmi eux se trouve Israël. La pièce, à peu près intacte et d'une beauté géométrique et froide, se trouve aujourd'hui au British Museum, à Londres. C'est Layard qui l'a sortie du sol, en 1846, lors de son exploration de Nimrud, et qui en a publié le texte dès 1851, aux dernières planches de ses *Inscriptions in the Cuneiform Character from Assyrian Monuments*. Il n'était pas question encore, vu l'état toujours incomplet du déchiffrement, d'en donner une traduction exhaustive et exacte. Ni par son écriture, facile à reconnaître et à identifier avec la «troisième persépolitaine», ni par le style de ses images, le monument ne dépassait par en haut l'horizon «assyrien» de la première moitié du Ier millénaire.

choses. Là où, dans les inscriptions en vieux-perse figurait « roi puissant », en deux mots et une douzaine de signes, il arrivait que l'on ne rencontrât dans le passage correspondant de la « troisième colonne » que deux caractères, en tout et pour tout, dont l'un devait évidemment marquer « roi », l'autre « puissant », ou « grand »; termes que l'on trouvait aussi, ailleurs, épelés, d'une part *shar-ru*, de l'autre *ra-bu*. Les deux caractères en question fonctionnaient donc comme idéogrammes, et devaient s'articuler, le premier *sharru*, l'autre *rabu*. L'on en nota ainsi une quantité respectable, beaucoup plus que dans l'écriture élamite.

Par ailleurs, les signes purement « indicatifs » révélés par cette dernière semblaient également ici bien plus usuels et nombreux encore : par exemple, tous les noms de divinités étaient régulièrement annoncés

La «tablette» d'argile, de toutes dimensions, était le support le plus ordinaire de l'écriture mais on utilisait aussi de l'argile diversement modelée – tel ce barillet trouvé à Khorsabad et signé de Sargon II d'Assyrie (721-705) –, du métal, volontiers précieux – telle cette tablette d'or, du même souverain, à droite –, ou encore les murs des édifices et les reliefs de pierre qui les adornaient – c'est le cas de cet homme-taureau géant qui porte une longue tirade à la gloire du roi d'Assyrie Assur-nasir-apal II (883-859).

par un même signe, lequel pouvait, autre part, se lire syllabiquement *an*; un autre, dont la valeur phonétique était *ki*, et qui pouvait aussi équivaloir idéographiquement à « terre », « lieu » ou « endroit », se rencontrait toujours ajouté à des noms de pays ou de territoires. On relevait ainsi d'autres « indicatifs » pour annoncer les « hommes », les « femmes », les « cours d'eau », les « montagnes », les objets en « roseau », ou en « bois », ou en « bronze », ou en « argile », les « oiseaux », les « poissons »...

Une écriture d'une extraordinaire complexité

Pour renforcer encore l'insigne complication d'un pareil système, non seulement, comme on vient de le voir, le même caractère pouvait, suivant le contexte, avoir plusieurs significations, sur les trois plans : phonétique (la syllabe *kur*, par exemple), idéographique (la « montagne », ou le « pays »), et « indicatif » (le même signe précédant toujours les noms des hauteurs montagneuses), mais, dans le registre syllabique, mettons le signe *shu* : il se lisait, selon les cas, ici *shu*, là *kat*. Pour dire les choses autrement : les caractères de cette écriture infernale étaient donc polyvalents, et le choix de leur valeur *hic et nunc* dépendait de leur environnement immédiat.

Nouvelle étrangeté, guère faite, elle non plus, pour rendre les choses plus limpides et accessibles, dans le propre texte de la même « troisième colonne », la comparaison des passages parallèles ou répétés

Dans ses *Nouvelles Contributions au déchiffrement des cunéiformes babyloniens* (1840), Grotefend – dans le tableau ici reproduit – a transcrit sur chaque ligne (I à XVII), une épigraphe du roi Nabuchodonosor II (604-562), portée, suivant la pieuse coutume du pays, sur une brique à inclure dans un mur de temple construit par le roi. Les diverses articulations du texte sont détaillées en dix-sept colonnes...

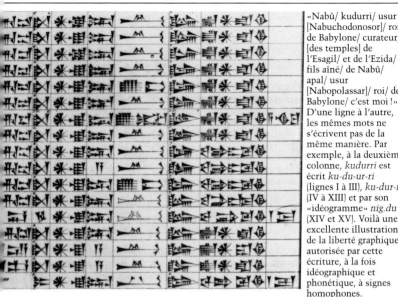

«Nabû/ kudurri/ usur [Nabuchodonosor]/ roi/ de Babylone/ curateur/ [des temples] de l'Esagil/ et de l'Ezida/ fils aîné/ de Nabû/ apal/ usur [Nabopolassar]/ roi/ de Babylone/ c'est moi!». D'une ligne à l'autre, les mêmes mots ne s'écrivent pas de la même manière. Par exemple, à la deuxième colonne, *kudurri* est écrit *ku-du-ur-ri* (lignes I à III), *ku-dur-ri* (IV à XIII) et par son «idéogramme» *nig.du* (XIV et XV). Voilà une excellente illustration de la liberté graphique autorisée par cette écriture, à la fois idéographique et phonétique, à signes homophones.

A gauche, le «cylindre Bellino», dont un relevé fut envoyé à Grotefend.

montrait fort clairement que plusieurs caractères différents étaient utilisés, çà et là, pour écrire la même syllabe : il y en avait deux, disparates, pour marquer *ash*; deux pour *kat*; deux pour *dam*; et même trois pour *u*. Les signes de cette écriture pouvaient donc être homophones !

Du moins, tous ces phénomènes, lentement découverts et confirmés, un à un, par les déchiffreurs de plus en plus perplexes, rendaient-ils compte du nombre étrangement élevé de caractères que comptait cette extraordinaire écriture.

L'«assyrien» rattaché à la famille des langues sémitiques

Plus on la maîtrisait, plus on s'y reconnaissait, plus on avançait dans le déchiffrement et la lecture, et plus il devenait évident que la langue consignée dans un système

Neue Beiträge
zur Erläuterung der
babylonischen Keilschrift
nebst einem Anhange
über die Beschaffenheit des ältesten Schriftdrucks
bei der
vierten Secularfeier der Erfindung des Bücherdrucks
von
Gutenberg
herausgegeben
von
Dr. Georg Friedrich Grotefend,
Director des Lyceums in Hannover.

Mit einer Steintafel und andern belehrenden Zugaben.

graphique aussi alambiqué et ardu – forcément celui propre à l'antique Mésopotamie – tenait d'assez près à d'autres idiomes, déjà connus, du Proche-Orient, ancien et moderne : l'hébreu, l'araméen, l'arabe – ce que nous appelons la «famille sémitique». Cet apparentement dûment établi, comme auparavant l'association du vieux-perse à l'avestique, les choses s'accélérèrent dans deux directions principales.

D'abord, il devenait plus facile, et plus sûr, de se ménager l'intelligence de quantité de mots qui, sous une présentation ou une autre, se rencontraient dans les langues apparentées et dont on appréhendait de la sorte le vrai sens : *abu* et *ummu*, par exemple, se retrouvaient en arabe, pour «père» et «mère» (*ab* et *ém* en hébreu), et *banû*, en hébreu : *banâ*, au sens d'«édifier», «construire». Les termes qui n'avaient point de répondant parmi les langues sémitiques connues, on pouvait en découvrir la signification, soit en recourant aux «bilingues» des deux autres «colonnes» (ainsi *sharru* et *mâru*, dont le sens de «roi» et «fils» était assuré par les parallèles vieux-perse), soit par de ces recoupements et soupçons familiers à tous les décrypteurs. D'un autre côté, le recours aux idiomes voisins facilitait et consolidait la restitution du système grammatical de la nouvelle langue sémitique : assez proche de ses congénères, sans doute, mais avec nombre de traits particuliers, qui en faisaient vraiment un langage à part.

On l'a d'abord appelé «assyrien», parce qu'à en juger par la Bible, les premiers habitants connus de la Mésopotamie, plusieurs siècles avant la conquête achéménide, étaient les Assyriens belliqueux, dévastateurs du royaume d'Israël en 722 avant notre ère. On devait s'apercevoir, plus tard, que l'histoire du pays remontait bien plus haut encore, et que l'assyrien n'était, au nord du territoire, avec le babylonien pour symétrique méridional, qu'un des deux grands dialectes d'une langue sémitique que nous appelons aujourd'hui «akkadien». Mais les spécialistes de cette langue, et de l'histoire de son pays, n'en ont pas moins gardé, depuis les temps héroïques du déchiffrement, leur référence à l'assyrien : ils se présentent comme «assyriologues».

Le long texte cunéiforme confié à Rawlinson, Hincks, Talbot et Oppert avait été inscrit sur une sorte de prisme octogonal, retrouvé, peu auparavant, à Qala'at Shergat (Assur). Le roi assyrien Teglatphalassar Ier y exposait ses campagnes victorieuses.

1857 : l'acte de naissance de l'assyriologie

Finalement, peu après 1850, quelques savants se déclarant en mesure de déchiffrer, lire et entendre cet assyrien, non seulement dans ses documents persépolitains mais surtout dans ceux de Mésopotamie propre, que les premières fouilles, entreprises depuis vingt ans, produisaient dès lors en quantités croissantes, la Royal Asiatic Society de Londres, pour en avoir le cœur net, confia à quatre d'entre eux (Rawlinson, Hincks, Talbot et Oppert), en 1857, la copie d'une inscription de huit cent neuf lignes, du roi d'Assyrie Teglatphalassar Ier (1114-1076 avant notre ère), récemment sortie de terre à Qala'at Shergat, l'ancienne ville d'Assur, située à 100 kilomètres au sud de Ninive. Il leur était recommandé de travailler seuls, sans rien communiquer aux autres, ni à personne.

Pour éditer le texte d'une tablette cunéiforme, dont le volume rend la photographie difficile, les assyriologues en reproduisent fidèlement les signes. Premier travail, assez ardu, vu les inégalités et, trop souvent, les lacunes du document, mais qui a, pour le déchiffreur, l'avantage de le faire «entrer» déjà dans le texte et de lui en assurer une première intelligence et «digestion».

Quelques mois plus tard, lorsqu'ils envoyèrent chacun sa traduction, les arbitres se rendirent compte qu'elles coïncidaient toutes, non seulement dans le sens général, mais jusque dans le détail des lectures, des mots et des phrases. La preuve était faite qu'après un demi-siècle de travail de bureau, obstiné et aride, d'erreurs, d'hésitations, de reprises, de comparaisons minutieuses, de réflexions critiques infinies... et de céphalées, on avait enfin, par le détour miraculeux des « inscriptions persépolitaines », suite à l'éclair de génie de Grotefend, percé le secret de cette

Ces deux tablettes de la bibliothèque d'Assurbanipal portent le récit du Déluge. Leur découverte a bouleversé le regard porté sur la Bible et laissé entrevoir tout ce que l'assyriologie pourrait apporter à sa juste intelligence.

impossible écriture cunéiforme, propre à la Mésopotamie ancienne, et dont les deux autres systèmes – élamite, d'un côté, et vieux-perse, de l'autre – ne devaient être qu'autant d'épigones latéraux et de moindre portée. On pouvait désormais s'attaquer à tous les documents que le vieux sol mésopotamien, déjà allégrement éventré par les fouilleurs, commençait à restituer au plein jour, par centaines et par milliers. L'ère de l'assyriologie était ouverte.

En découvrant la tablette du Déluge, George Smith, homme d'ordinaire si réservé, s'écria : «Je suis le premier à lire ce texte après deux mille ans d'oubli!».

La tablette du Déluge

Ses professionnels ne devaient point tarder à faire parler d'elle. Le déchiffrement-test de l'inscription de Teglatphalassar Ier avait inauguré un interminable enchaînement de travaux analogues, ponctués d'extraordinaires découvertes successives. Non seulement on commença, dès 1861, à éditer, en de larges et impressionnants volumes, les premières des *Inscriptions cunéiformes de l'Asie occidentale* sorties du sol, mais on se mit à les décrypter et traduire, les discuter, les exploiter, tombant presque aussitôt sur des révélations inattendues, sensationnelles ou proprement révolutionnaires. Comme lorsqu'un des premiers assyriologues, George Smith, annonça, tout à coup, en décembre 1872, avoir lu dans ses tablettes un récit du Déluge qui recouvrait parfaitement celui, plus récent, de la Bible, dépossédant du coup celle-ci de son naïf, mais séculaire, privilège d'être « le premier, le plus vieux livre du monde », pour la réinsérer dans une tradition littéraire et « spirituelle » antérieure et ultérieure à elle : une longue chaîne dont elle ne formait plus qu'un anneau et dont l'étude, comme celle de toutes les autres œuvres écrites, relevait de l'histoire et de ses méthodes.

Sur cette plaquette de schiste, longue de 17 cm, de forme inusuelle, d'origine inconnue – son premier possesseur, un certain Dr Blau, vivait au Proche-Orient à la fin du siècle dernier –, et dont l'authenticité est admise aujourd'hui, se voient un certain nombre de signes-croquis pictographiques,

L'évolution du cunéiforme

L'assyrien, toutefois, posait encore des problèmes, et leur solution devait apporter de nouveaux progrès considérables. Depuis le moment où ils s'étaient enfin rendu compte de la constitution même de cette extravagante écriture, les déchiffreurs, puis les décrypteurs, étaient travaillés par une question capitale : quelle était l'origine d'un pareil système ? Comment y avait-on abouti ?

On sentait bien que la « troisième écriture », la plus enchevêtrée, était aussi la plus ancienne, comme le suggérait sa complexité même, plus tard atténuée

gravés à la pointe. Plusieurs signes sont assez «parlants» : le poisson et la cuisse de bovidé dans la case centrale ; à côté, le roseau planté sur le cours d'eau ; plus loin vers la droite, des chiffres (cinq dizaines ?), et, tout en bas, sur la tranche, un triangle pubien.

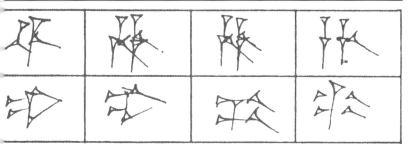

dans le système élamite, ensuite et autrement dans le vieux-perse. On pouvait se demander sérieusement si, comme c'était le cas des hiéroglyphes égyptiens, elle n'avait pas commencé par des dessins, visant à représenter les choses qu'on voulait signifier – même si leur silhouette avait été tout à fait déformée par l'impression sur l'argile. Son état originel aurait donc été l'idéographie, chaque croquis, chaque caractère renvoyant à la réalité qu'il représentait, ou à toutes les choses qui lui tenaient de près,

On peut suivre, dans ces deux tableaux, les transformations successives du croquis primitif, d'abord «redressé», puis stylisé et devenu abstrait par l'usage du biseau, jusqu'aux signes «cunéiformes» proprement dits, lesquels ont tendu eux-mêmes à se simplifier d'époque en époque.

	I	II	III	IV	V	VI	VII	VIII
k + a = nag = boire								
du = marcher gub = se tenir debout								
mushen = oiseau								
ke (kua) = poisson								
gub = bœuf								

dans la nature, imaginairement ou conventionnellement.

D'où, à la fois, le rôle idéographique des signes et leur polyvalence sur ce plan : le même, par exemple, désignant, selon les cas, le « dieu » ou le « divin », mais aussi le « ciel » et tout ce qui est « en haut », « supérieur »... Toujours, comme en Egypte, la valeur phonétique aurait donc été seconde, dérivée de la valeur idéographique, et polyvalente comme elle. Si je dessine un « chat », je peux vouloir évoquer ce félin, mais je puis aussi en faire abstraction pour ne plus penser qu'à son nom, prononcé dans ma langue : «cha». Ainsi avait-on dû passer d'une écriture de choses à une écriture de mots : phonétique, simple ou polyvalente. Car le signe du « pied », utilisé idéographiquement pour noter toutes les activités ou attitudes dans lesquelles cette extrémité jouait un rôle : « se tenir debout », « marcher », « porter », « transporter », donnait par là naissance à autant de syllabes, dont chacune devait répondre à la désignation de l'activité ou de l'attitude en question dans la langue des créateurs de l'écriture : *gub* pour « se tenir debout » ; *gin* pour « marcher » ; *tum* pour « porter »... Telle devait avoir été l'évolution logique de l'écriture cunéiforme, celle qui rendait compte, et de cette incroyable profusion de caractères, et de tant d'étrangetés et de complications dans leur usage.

Ces détails d'une tablette archaïque d'Uruk montrent d'autres signes pictographiques : des chiffres, d'abord – cercles, nets ou prolongés d'une sorte de queue –, dont on a pu assez aisément établir les valeurs, du fait que le revers des tablettes totalise souvent les détails de la face : un épi de céréale, pour désigner le grain ; un triangle pubien, qui évoque «la (ou une) femme»; et une tête d'animal cornu, dont on ne sait pas bien la signification.

Les inventeurs de l'écriture : des Sémites ou des non-Sémites ?

Dans ces conditions, se disaient les assyriologues, il n'était pas possible que ladite écriture ait été inventée par des Sémites : par ceux qui parlaient la langue sémitique locale, l'akkadien, ou une autre. Car, chez les « Assyriens », comme chez leurs autres congénères, « tête » se disait *rês* ; « montagne », *shadû* ; « se tenir debout », *izuzzu* ; « marcher », *alâku* ; et « porter », « transporter », *abâlu*... Comment en seraient-ils venus à donner au dessin de la tête la

prononciation, la valeur phonétique *sag*, *kur* à celui de la montagne, et respectivement *gub*, *du* et *tum* à celui qui signifiait, ici « se tenir debout », là « marcher », et là encore « (trans)porter » ? Ne devait-on pas supposer comme « inventeur » de l'écriture cunéiforme un autre peuple, un autre groupe culturel, évidemment non sémite, dans le langage duquel on aurait articulé *gub* pour « se tenir debout », *gin* pour « marcher », *tum* pour « (trans)porter », *kur* pour « montagne », et *sag* pour « tête » ?

Dans cet autre schéma de l'évolution des signes cunéiformes, on remarque des

sag = tête							
ka = bouche dug = parler							
ninda = écuelle nourriture							
+ ninda = ku = manger							
a = eau							

«astuces» des inventeurs de l'écriture pour étendre la signification des caractères : en soulignant de quelques traits la base de la tête, ils attiraient l'attention sur la «bouche», et, en mettant devant celle-ci le signe du «pain», ils désignaient «la nourriture»...

Querelles linguistiques

On se demanda même à quelle branche linguistique il fallait rattacher ces prédécesseurs ou rivaux des Sémites de Mésopotamie et – comme on l'avait déjà fait pour l'élamite – l'on risqua de bien aventureuses identifications, toutes aussi fragiles et caduques les unes que les autres :

LA PRÉTENDUE

LANGUE D'ACCAD

EST-ELLE TOURANIENNE

Scythes ? «Touraniens» (aujourd'hui on dirait : Turco-Mongols) ? Et quoi encore ? Il en naquit une controverse si vive et si atroce que deux vénérables savants français, après d'aigres, puis véhémentes polémiques imprimées, en vinrent aux coups de parapluie dans les couloirs mêmes de l'Académie des inscriptions et belles-lettres, raconte la légende de ces temps héroïques !

Les uns – l'un d'eux surtout, Joseph Halévy – ne voulaient pas entendre parler de ces non-Sémites crédités d'une aussi remarquable invention.

NOUVELLE EVOL

DE

L'ACCAD

D'autres postulaient énergiquement la présence, en Mésopotamie, avant les Sémites, babyloniens et assyriens, d'une ethnie non sémitique qui parlait la langue sur laquelle auraient été construites, en bonne logique, et l'écriture, et son idéographie, et ses applications phonétiques.

L'hypothèse d'une langue nouvelle confirmée par l'archéologie

Se référant même à des documents depuis peu exhumés du sol mésopotamien, dans lesquels allusion était faite à des populations plus anciennes du pays, appelées Sumériens, d'une part, et Akkadiens, de l'autre, les tenants d'une ethnie pré-sémitique opinaient que la langue en question devait être celle des uns ou des autres : selon certains, de l'«akkadien», selon les autres, du «sumérien».

En France, la controverse qui divisait les assyriologues entre tenants et négateurs de l'origine sémitique de l'écriture cunéiforme avait pour chefs de file, d'une part, Jules Oppert (1825-1905), né à Hambourg, mais fixé à Paris (buste à droite), un des quatre déchiffreurs de l'«assyrien», dont il avait écrit une première grammaire, et, d'autre part, Joseph Halévy (1827-1917), fameux sémitisant, qui se refusait à admettre une origine non sémitique de l'écriture.

LE SUMÉRISME

ET

L'HISTOIRE BABYLONIENNE

ION

Quel que fût ce nom, que l'on n'avait pas encore les moyens de fixer plus exactement par un choix motivé, la position de ces assyriologues fut confortée, alors, par une double série de découvertes.

Joseph Halévy (dont on voit ici les titres de trois ouvrages) a également écrit un *Précis d'allographie assyrobabylonienne* (1912), dans lequel il parle d'une «allographie», une manière de rédaction différente des mêmes textes, selon un «code» qui aurait souligné «le caractère sacré» de cette écriture...

D'une part, entre les tablettes récemment sorties du sol et en cours de déchiffrement et de publication, commençaient à figurer d'assez nombreuses «listes», en trois colonnes, portant : au milieu, un signe cunéiforme ; à sa gauche, sa lecture phonétique explicitée ; à sa

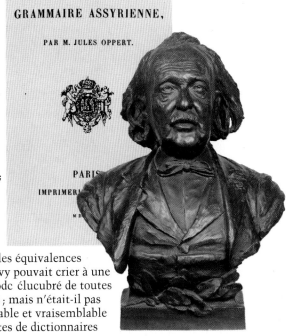

ÉLÉMENTS

DE LA

GRAMMAIRE ASSYRIENNE,

PAR M. JULES OPPERT.

PARIS
IMPRIMERI

M D

droite, sa valeur idéographique phonétisée, en «assyrien». Mettons *ku-ur* d'un côté et *sha-du-u* de l'autre, pour « montagne » ; *sa-ag* et *re-e-su* pour « tête » ; *du* et *a-la-ku*, pour « marcher » ; *gu-ub* et *i-zu-uz-zu*, pour « se tenir debout » ; et *tu-um* et *a-ba-lu* pour « (trans)porter » ; et quantité d'autres telles équivalences encore. Certes, Halévy pouvait crier à une «allographie» : un code élucubré de toutes pièces par des lettrés ; mais n'était-il pas plus simple, raisonnable et vraisemblable de trouver là des sortes de dictionnaires

Les lettrés mésopotamiens nous ont laissé d'innombrables ouvrages lexicographiques, dans lesquels, sous forme de listes rangées en colonnes, simples, ou bien à une ou plusieurs parallèles, ils avaient enregistré et classé, tantôt en akkadien seul, tantôt en sumérien, tantôt dans les deux langues face à face, les termes répondant à une multitude de réalités de tous les ordres d'idées : de la nature, de la culture, de la société, mais aussi de la langue. Découverts et étudiés très tôt par les premiers assyriologues, ces documents ont largement contribué, non seulement au déchiffrement et à la lecture corrects des textes cunéiformes, mais à la solution des problèmes posés, et par le fonctionnement, et par l'origine de l'écriture dans ce pays. La tablette ici présentée est une sorte de vocabulaire, dans lequel, sur trois colonnes, sont enregistrés, au milieu un signe cunéiforme ; à sa gauche sa lecture et valeur phonétique ; à sa droite sa (ou ses) signification(s) sur le plan idéographique.

bilingues portant, pour expliquer le caractère central, à droite le terme sémitique – « assyrien » qui lui correspondait idéographiquement – et, à gauche, le même articulé dans la langue des inventeurs de l'écriture, et qui avait fondé la valeur phonétique du signe ?

D'autre part, de nouvelles fouilles, cette fois, plus

en profondeur et dans la partie méridionale du pays, alors qu'on n'en avait encore remué le sous-sol que dans le Nord, avaient permis d'exhumer quantité de monuments et de documents, manifestement plus anciens que ceux retrouvés auparavant, et d'un tout autre style : leurs textes, du reste calligraphiés dans un tracé plus compliqué et archaïque, se présentaient tout autrement que ceux jusque-là découverts. Non

R etrouvés à Tellô, une tablette comptable et un des deux célèbres «cylindres», portant un long poème en sumérien du prince Gudéa (vers 2100).

seulement on n'y trouvait nulle trace de ces graphies phonétiques de mots « assyriens » qui abondaient ailleurs, mais, illisible dans cette langue, tout paraissait inscrit exclusivement en idéogrammes. Ce manifeste archaïsme graphique des caractères, en même temps que la présentation de leur texte, ne confirmait-il pas la thèse des adversaires de Halévy, tenant de tels grimoires pour autant de documents de cette langue antérieure aux Sémites, et de vestiges du peuple créateur de l'écriture cunéiforme ? D'autant qu'un soigneux épluchage y laissait remarquer un certain nombre d'éléments, mono-

ou polysyllabiques, récurrents, çà et là, et qui paraissaient bien jouer le rôle de ces « mots creux » que toutes les langues utilisent pour rendre, non les choses, mais les relations entre elles, et qui commandent la « grammaire ».

Le sumérien compris et traduit

Lorsque, en 1905, cent deux ans écoulés depuis les premières intuitions et déductions géniales de Grotefend, le grand assyriologue François Thureau-Dangin, après avoir étudié plus à fond ces documents « idéographiés », et d'autres analogues que de nouvelles fouilles venaient de ramener au jour, publia – dans son livre fameux *Les Inscriptions de Sumer et d'Accad* – une traduction cohérente de ceux d'entre eux qui représentaient les épigraphes des plus anciens souverains connus du pays, depuis le milieu du IIIe millénaire, il établit, du même coup, la cohérence, le fonctionnement et donc l'existence de cet idiome antérieur et extérieur aux Sémites, mésopotamiens ou autres, sur quoi avait été fondée l'écriture propre au pays. Le nom de « sumérien » que l'on donna à cette langue, et qu'on lui a conservé, est tiré de ces inscriptions mêmes, lesquelles rapportaient une antique bipartition du territoire, qui s'étendait alors des alentours de Bagdad au golfe Persique, et dont la moitié nord relevait d'« Akkad » et se trouvait peuplée des plus anciens Sémites du cru, appelés

« Akkadiens », et l'autre moitié,
au sud, « Sumer », d'abord
occupée par des allogènes,
que nous appelons toujours
« Sumériens ».

Ainsi, la propre solution de
la dernière énigme lancinante
posée par la « troisième
écriture persépolitaine »,
après un siècle
d'entêtement et de
génie, non seulement
découvrait une
nouvelle langue,
archaïque et totalement inconnue, voire
insoupçonnée d'abord, mais elle ouvrait de larges et
inattendues perspectives sur la plus vieille histoire de
ce grand et vénérable pays, bien en amont du
Ier millénaire avant notre ère, de ses
Achéménides, de ses Babyloniens et de ses
Assyriens, lesquels avaient d'abord barré tout
l'horizon des premiers déchiffreurs et des
premiers historiens.

F rançois Thureau-
Dangin (1872-1944),
en regroupant tous les
documents historiques
alors retrouvés des
anciens souverains du
pays, laissés par eux
sous toutes les formes
– comme ces cônes
destinés à être plantés
dans l'argile des palais
et des temples, pour y
garder à jamais le nom
et la mémoire de leur
fondateur –, et en les
traduisant avec
cohérence, démontra,
une fois pour toutes,
l'existence, en
Mésopotamie
ancienne, à côté de
l'akkadien sémitique,
d'une langue tout à fait
allogène et que, depuis,
on a appelée le
sumérien.

A insi se présentent ordinairement au fouilleur les tablettes cunéiformes (à gauche), lorsque – le cas est fréquent – elles étaient conservées en archives ou bibliothèques, dans des caisses ou des paniers – régulièrement étiquetés ! –, dont les contenants ont été détruits par le temps.

Une grammaire parachève l'œuvre des déchiffreurs

Un dernier mot, pour conduire vraiment jusqu'à son ultime péripétie le long vagabondage de la redécouverte, par la seule intelligence, la seule réflexion, la seule astuce, de trois écritures d'abord totalement hermétiques et de quatre langues disparates, inattendues, éteintes depuis deux, trois et quatre millénaires.

Thureau-Dangin avait prouvé l'existence et le fonctionnement du sumérien, mais il s'était refusé à en présenter une restitution systématique : une grammaire. Elle était d'autant plus épineuse que, d'une part, comme l'élamite, le sumérien se trouvait totalement isolé de toutes les autres langues connues, et donc sans recours linguistique valable devant les problèmes posés par son fonctionnement tout à fait particulier ; et, d'autre part, les nuances de sa grammaire se heurtaient aux imprécisions phonétiques de son écriture cunéiforme, incapable d'aller plus loin que les syllabes dans son rendu des sons, et qui ne pouvait donc pas toujours exprimer clairement et distinctement bien des articulations morphologiques de la langue, surtout lorsqu'il s'agissait, non de celle des textes « économiques », répétitive et simplifiée à l'extrême, mais du langage

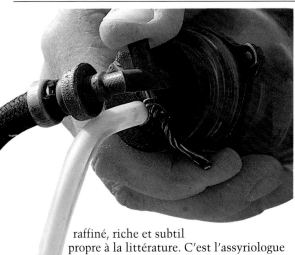

S orties de terre, les tablettes ne sont pas seulement trop souvent en morceaux qu'il faut rejoindre, mais incrustées d'une poussière antique, voire de cristallisations, dont il faut les débarrasser (avant de les cuire) par divers procédés qui tiennent compte de leur fragilité : ainsi, par recours à l'air comprimé (ci-contre) plutôt qu'à la brosse. On peut alors en mouler le texte (ci-dessous), mais le moyen le plus sûr de le diffuser, c'est de le recopier.

raffiné, riche et subtil propre à la littérature. C'est l'assyriologue Arno Poebel, en 1923, dans son ouvrage *Grundzüge der sumerischen Grammatik*, qui franchit le dernier pas et fournit le tableau complet des complexités linguistiques du sumérien. Dès lors, rien ne s'opposait plus à l'intelligence et à l'exploitation de toute la documentation cunéiforme mésopotamienne.

« **B**otta fouillait, mais inutilement, le tumulus de Kouyoundjick ; un teinturier de Khorsabad, voyant tous ces travaux, demande ce que l'on cherche : "Des antiques, des statues" – "Venez chez moi, dit cet homme, il y en a dans ma maison et chez mes voisins". Le village de Khorsabad était tout simplement bâti sur l'ancien palais ; les têtes de grands taureaux à face humaine sortaient du sol et servaient pour ainsi dire de meubles. »

Félix Thomas

CHAPITRE III
PALAIS ASSYRIENS

Trouvé à Khorsabad, ce bas-relief démontre l'originalité de l'art assyrien.
Ci-contre, une reconstitution du palais de Nimrud, exhumé par l'Anglais Layard.

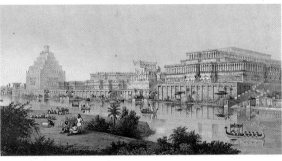

Avant même sa conclusion, le vaste et long travail des déchiffreurs du cunéiforme a fini par aiguiser la curiosité et tourner l'attention vers le propre terroir de sa naissance, justement soupçonné de receler en ses profondeurs vestiges et monuments d'un passé enseveli : l'ère des fouilleurs est ouverte. Après cent cinquante ans, cette ère n'est, Dieu merci, pas close, même si les buts immédiats et les méthodes de travail y ont considérablement changé depuis les premiers coups de pioche. Sur le modèle des premiers investigateurs de nos ruines romaines et grecques, on s'est longtemps contenté, en Mésopotamie, de rechercher des objets, dont l'origine antique, l'apparence séduisante ou commune, l'exotisme ou la trivialité, évoquaient, avec une sorte de fascination,

Des ruines parmi des collines de sable et de débris : la région de la Diyâlâ, à l'est de Bagdad, comme l'avaient trouvée Jules Oppert et Félix Thomas lors de leur *Expédition scientifique et artistique de Mésopotamie et de Médie*, en 1851-1853. Dans les années trente, les Américains exploreront plus à fond la même région.

Cette vue des ruines de Nippur donne une bonne idée des sites archéologiques en Irak tels qu'ils se présentent encore aujourd'hui, comme il y a un siècle et davantage. Le sable a tout recouvert : en émergent seulement quelques élévations de briques crues plus ou moins décomposées, tout ce qu'il reste des anciens édifices. Au milieu, marquant l'emplacement du grand temple d'Enlil, l'Ekur, la masse délabrée de la ziqqurrat dans son dernier état, du milieu du IIe millénaire. Le bâtiment qui la couronne est une addition parthe, du début de notre ère environ.

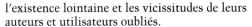

l'existence lointaine et les vicissitudes de leurs auteurs et utilisateurs oubliés.

Peu à peu, cependant, dans ce pays comme ailleurs, un intérêt aussi naïf pour des pièces de musée a fait place à une discipline rigoureuse, relevant avant tout de l'histoire et au regard de laquelle chaque objet exhumé, du vase le plus humble à la plus fascinante statue, du fragment d'une épée au plus puissant rempart, devenait un témoin. Sa matière, sa forme et sa facture, sa situation et son niveau dans le sol recelaient des secrets qu'un rigoureux interrogatoire en pouvait extraire, et qui, reliés à ceux que l'on arrachait aux autres trouvailles, pouvaient, à leur manière, laconique, allusive et ambiguë, mais frappante et tridimensionnelle, fournir à mesure les éléments de toute une histoire, plus matérielle, certes, moins éloquente, moins détaillée et précise, moins assurée que celle découverte dans les écrits, mais merveilleusement propre à la compléter, la confirmer, l'enrichir, lui donner du relief.

Le premier « enthousiasme des ruines », dont parlait Goethe, s'est mué en archéologie. Et, sous sa double présentation successive, esthétique et naïve, d'abord, puis rigoureuse et systématique, en un siècle et demi de travaux gigantesques – dont on va se faire une trop courte et trop sèche idée –, elle nous a fourni par centaines de mille de quoi retrouver et ressusciter la vie et le cadre de vie de ces populations disparues, depuis bien avant l'écriture et l'histoire.

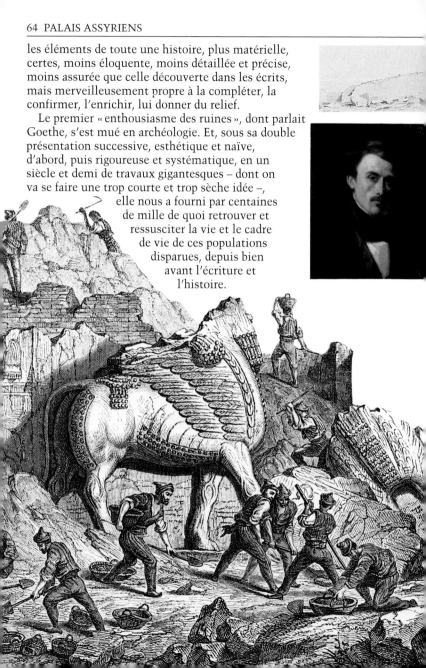

La révélation des Assyriens : le palais de Sargon II

En 1842, un énergique Piémontais, Paul-Emile Botta, agent consulaire de la France dans plusieurs postes du Proche-Orient, fut nommé à Mossul. Ce n'était pas un simple fonctionnaire qui venait s'installer sur les bords du Tigre, encore moins un béotien. Outre sa propre expérience du monde oriental, ses rapports familiers avec d'illustres philologues l'avaient préparé à devenir le pionnier de la découverte archéologique en Mésopotamie. Il savait qu'en face de lui, sous la gigantesque masse de décombres et de sable qui surplombait le fleuve, dormaient, encore inviolées, les ruines de Ninive, l'une des plus prestigieuses capitales du monde antique.

A peine en place, il s'attaqua au tell de Quyundjiq. Il y ouvrit quelques tranchées d'où il retira plusieurs briques inscrites. Un habitant d'un village voisin vint alors lui parler de murs couverts de figures sculptées. Sceptique d'abord, comme il se doit dans ces pays, il finit par se rendre sur le site en question. Botta se trouvait au pied des murailles de Khorsabad, l'antique Dûr-Sharrukîn, résidence de Sargon II, roi d'Assyrie (721-705). Et d'ouvrir aussitôt le premier champ de fouilles en Mésopotamie. Le 16 mai 1843, le ministère de l'Intérieur accorda une subvention conséquente à Botta, qui jusque-là avait fouillé sur ses propres deniers. Il lui envoya également le dessinateur Eugène Flandin, un véritable artiste qui avait fait ses preuves à Persépolis. Botta se contenta d'« exhumer », de dresser des plans,

Une vue des premiers travaux de Paul-Emile Botta (peint par Champmartin, à gauche) sur le site de Khorsabad : «Je continue à faire déblayer, et je le fais avec d'autant plus d'intérêt que je crois être le premier qui ait découvert des sculptures que l'on puisse, avec quelque apparence, rapporter à l'époque où Ninive était florissante.» Ces hommes-taureaux géants à la fois formaient les jambages des grandes entrées des palais ou des temples et en étaient les protecteurs surnaturels. Ils ont beaucoup frappé les premiers fouilleurs. Sur une façade du palais (en haut, état de la fouille, et, double page suivante en haut, tentative de reconstitution du même élément) on voit, notamment, une entrée gardée par des statues de génies protecteurs, ainsi que des dalles sculptées, encore appliquées aux murs.

de faire dessiner sur
place statues et bas-
reliefs, longeant la base
des murs, guidé par ces
dalles en demi-bosse, sur
lesquelles on avait gravé des
scènes de la vie quotidienne et
des événements de la cour royale.

Ce qu'il venait de mettre au jour
n'était que la partie nord-ouest du palais.
Mais Botta était persuadé
qu'il s'agissait

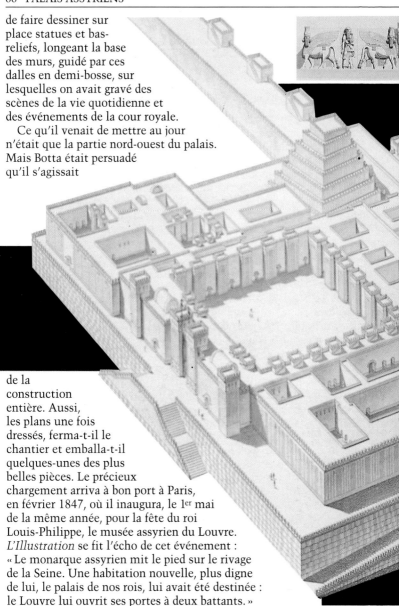

de la
construction
entière. Aussi,
les plans une fois
dressés, ferma-t-il le
chantier et emballa-t-il
quelques-unes des plus
belles pièces. Le précieux
chargement arriva à bon port à Paris,
en février 1847, où il inaugura, le 1er mai
de la même année, pour la fête du roi
Louis-Philippe, le musée assyrien du Louvre.
L'Illustration se fit l'écho de cet événement :
« Le monarque assyrien mit le pied sur le rivage
de la Seine. Une habitation nouvelle, plus digne
de lui, le palais de nos rois, lui avait été destinée :
le Louvre lui ouvrit ses portes à deux battants. »

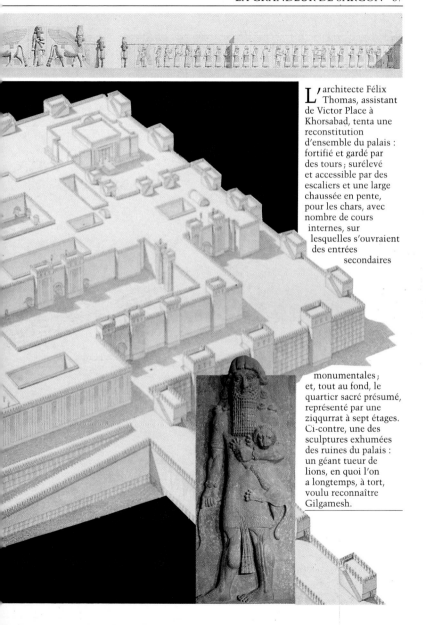

L'architecte Félix Thomas, assistant de Victor Place à Khorsabad, tenta une reconstitution d'ensemble du palais : fortifié et gardé par des tours ; surélevé et accessible par des escaliers et une large chaussée en pente, pour les chars, avec nombre de cours internes, sur lesquelles s'ouvraient des entrées secondaires monumentales ; et, tout au fond, le quartier sacré présumé, représenté par une ziqqurrat à sept étages. Ci-contre, une des sculptures exhumées des ruines du palais : un géant tueur de lions, en quoi l'on a longtemps, à tort, voulu reconnaître Gilgamesh.

Le palais d'Assurnasirpal à Nimrud

Un Anglais séjournant à Mossul, Austen Henry Layard, qui avait eu connaissance du succès des fouilles françaises à Khorsabad, se décida à tenter ailleurs la même aventure. Il jeta son dévolu sur les ruines de Nimrud (l'ancienne Kalakh), plus au sud, au confluent du Tigre et du Grand Zâb. En s'attaquant à ce tell, Layard était persuadé qu'il se trouvait sur l'emplacement de l'antique Ninive. Les têtes des taureaux gardiens des portes de l'enceinte émergeaient encore du sol : il suivit cette piste, à découvert ou par galeries souterraines, méthode déjà employée par Botta.

Un peu plus tard, viendra se joindre à lui un collaborateur qui lui sera d'un grand secours, le grand épigraphiste Rawlinson, à qui l'on doit un premier déchiffrement des inscriptions cunéiformes déployées sur les murs et passant sur les corps des personnages, des taureaux ailés ou des lions qui ornaient les parois.

Austen Henry Layard (à droite, en costume persan) devait découvrir à Nimrud de nombreux reliefs, initialement plaqués sur les murs intérieurs du palais, et qui représentaient volontiers de telles scènes de chasse aux fauves : passe-temps héroïque et prestigieux des souverains du pays. En haut, à droite, une statue trouvée dans le palais d'Assurnasirpal II.

L'on s'aperçut vite, grâce aux lectures de Rawlinson, qu'il ne s'agissait pas de Ninive mais d'un énorme complexe architectural comprenant les palais de plusieurs rois assyriens, depuis Assurnasirpal (883-859) jusqu'à l'un des derniers, Assur-etel-ilâni (626-621).

Le palais de Sennachérib à Ninive

Layard quitta Nimrud en 1847. Sa chasse aux trésors allait enrichir des salles entières du British Museum. Mais il n'avait toujours pas mis la main sur Ninive. Il découvrira la métropole mythique sur le tell de Quyundjiq, effleuré par Botta et sur lequel il revint en 1849-1850. Il était accompagné par un chrétien de Mossul, Hormuzd Rassam, trouble personnage, plus pirate qu'archéologue.

La première fouille anglaise en Assyrie

L e révérend anglais Solomon Malan, grand savant et voyageur, se rendit en Mésopotamie en 1850. Il y rencontra Layard et visita les fouilles de Ninive et Nimrud au mois de juin. Il en rapporta une multitude de croquis et d'aquarelles, qui constituent un témoignage de qualité sur la vie d'un chantier de fouille au XIXᵉ siècle. Encore debout contre les murs d'un couloir qu'elles ornaient, deux dalles sculptées de bas-reliefs, ajustées, représentent deux êtres surnaturels, sortes de génies ailés qui se font face, main levée en signe d'hommage ou de bénédiction. Sur une autre dalle, à quelque distance, peut-être à l'entrée du couloir, un homme debout, vêtu d'une tunique courte, tient, de sa main gauche abaissée, une plante avec sa fleur et lève sa main droite en signe de prière ou d'hommage à quelque divinité.

Entrée d Ch B. N.W. Palace Nimroud.
Two winged bons in pro

Des taureaux monumentaux

Originairement plaqués contre les murs des entrées, ces taureaux géants à visage humain avaient basculé à la ruine de leurs murailles de soutènement, dont les briques d'argile crue s'étaient peu à peu désagrégées et décomposées. Ainsi Layard en avait-il retrouvé une paire, à Nimrud. Ci-dessous, dessinée de dos, une statue monumentale exhumée dans le palais.

Génies ailés

Les gardiens divins
des portes du
temple de Ninurta,
à Nimrud, sont
demeurés en place.
On les appelait «bons
Lamassu», sortes
d'êtres surnaturels,
inférieurs aux dieux,
dont ils partageaient
jusqu'à un certain
point la nature et
les prérogatives :
«Que Bons Shêdu et
Lamassu, qui veillent
à l'entour de ma
demeure royale et,
ainsi, me rassurent,
demeurent à jamais
[à leur place] dans ce
Palais.»

Il ouvrit avec lui quelques tranchées dans une partie du palais de Sennachérib (704-681), lequel lui livrerait dans ses soixante et onze chambres quelque deux mille reliefs. Une surprise de taille l'attendait, une découverte véritablement sensationnelle et exceptionnelle : en quelque vingt-cinq mille tablettes et morceaux de tablettes, la propre bibliothèque que le grand roi Assurbanipal (668-627) avait fait rassembler de toutes les œuvres littéraires et « scientifiques » connues de son temps, parfois en plusieurs manuscrits et plusieurs « éditions » – quelque quinze cents titres ! Cette masse prodigieuse, rapidement transportée au British Museum, en constitue un trésor assyriologique inestimable, une mine miraculeuse que les déchiffreurs ont dès lors commencé d'explorer et qui n'est pas épuisée encore...

Voici comment s'est déroulé, en 1847, le transport d'une statue colossale d'homme-taureau depuis son emplacement d'origine, à Nimrud. Couchée sur un chariot, tirée à la force des bras jusqu'au fleuve, embarquée sur un large radeau jusqu'au port, et convoyée par bateau, elle arriva enfin au British Museum, à Londres. Là, on la remit debout, dans une armature de bois qui permit de l'introduire dans la salle où elle fut exposée.

Deux consuls pour un même palais

En 1852, le nouveau consul de France à Mossul, Victor Place, entama, en compagnie de Rawlinson, des fouilles à Khorsabad que Botta n'avait fait qu'écorner.

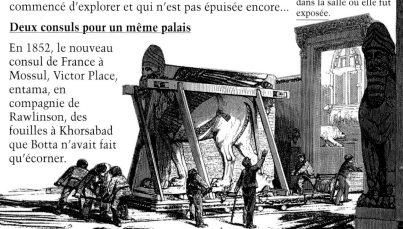

P<small>rise en 1858, une</small> photographie de la «galerie assyrienne» du British Museum, aménagée pour rassembler les trouvailles de Layard et des premiers fouilleurs.

Ce site, avec ses deux cent dix salles et ses nombreuses cours, allait se révéler l'un des ensembles palatiaux les plus prestigieux.

Place avait pu s'adjoindre un certain temps l'orientaliste Fresnel, son compatriote, intéressé avant tout par la prospection du sud du pays, et mieux encore l'épigraphiste Jules Oppert, qui avait déchiffré une partie des inscriptions de Khorsabad. Mais les travaux de Place, rappelé en France, tournèrent court et finirent dans un naufrage en 1855. Les énormes statues de taureaux, qu'il avait réussi à amener à quai et embarquer sur le Tigre, furent attaquées par un parti d'Arabes à peu de distance du confluent du Tigre et de l'Euphrate. La presque totalité du chargement sombra dans les eaux fangeuses. Seul un taureau ailé de près de trente tonnes parviendra jusqu'au Louvre.

Pendant que les travaux continuaient, à Nimrud et Ninive, toujours hantés par l'inévitable Rassam, le géologue William Kenneth Loftus se lança dès 1850 en avant-coureur vers le sud du pays, et y explora – sans fouiller – divers sites prometteurs, comme Warka (l'antique Uruk) et Senkereh (autrefois Larsa). De surprenantes découvertes se préparaient dans cette région encore presque dédaignée.

Le photographe Tranchand, ami de Victor Place (ci-dessus), l'a accompagné pendant trois ans sur le chantier de Khorsabad. Il a pris un grand nombre de photographies des fouilles dont celle (ci-dessous) montrant l'une des grandes portes du palais, avec, en place, ses deux gardiens surnaturels, surmontés d'un grand arc en briques émaillées.

Félix Thomas, un architecte de talent, est engagé par Victor Place en 1853. Il consacre deux mois aux levers des plans et aux dessins du palais de Sargon et de ses sculptures. Son travail illustre l'ouvrage de Place : *Ninive et l'Assyrie*, publié en 1867 (ci-contre, deux reconstitutions de portes du palais).

« Les fouilles des tombeaux ont été ajournées. En effet, nos connaissances sur l'archéologie de la Mésopotamie étaient vraiment trop sommaires. Plus le cimetière [d'Ur] promettait d'être riche, plus se faisait sentir l'impérieuse nécessité de ne pas y toucher, du moins aussi longtemps qu'un élément extérieur ne nous aurait pas donné la clé d'une chronologie à peu près fiable. »

Leonard Woolley

CHAPITRE IV
L'HISTOIRE COMMENCE À SUMER

Les Allemands ont été en Irak les pionniers d'une archéologie scientifique. En témoignent les fouilles de Warka (à gauche une vue aérienne) et de Babylone (ci-contre, un cylindre de lapis-lazuli portant l'image du dieu Adad trouvé en 1900 sur ce site).

La découverte des Sumériens

Après cette première révélation de la culture matérielle des Assyriens, une découverte archéologique imprévue est venue bouleverser toutes les idées et prévisions. On se doutait que ces mêmes Assyriens devaient être tributaires d'une civilisation antérieure, localisée dans le sud du pays : en Babylonie, ce qui, on vient de le voir, avait déjà poussé quelques voyageurs et fouilleurs anglais à en prospecter le sol, par endroits. Mais voilà, tout à coup, que du fond de cette terre allait surgir une culture plus ancienne, totalement inconnue et insoupçonnée.

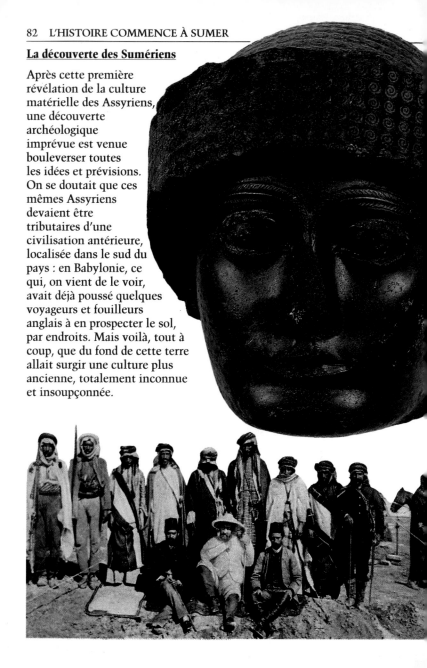

Nous ne discernons pas bien les circonstances qui, en 1877, ont conduit Ernest de Sarzec, vice-consul de France à Bassorah, sur le site méridional appelé Tellô (tell Luh) : peut-être le bruit qu'on y avait recueilli divers fragments antiques – non seulement une tablette inscrite, mais encore la tête d'une statue en laquelle on reconnaîtrait plus tard celle de Gudéa, prince local de la fin du IIIᵉ millénaire. De Sarzec décida d'y entreprendre des fouilles, lesquelles devaient se poursuivre quatorze ans : jusqu'en 1900, puis reprendre, à moindre échelle, en 1903-1904.

Le site, qui n'était pas, comme on l'a cru longtemps, celui de l'antique Lagash, mais de Girsu, autre cité importante du même royaume, ne tarda guère à livrer ses richesses, autour desquelles, profitant des absences de Sarzec, l'immanquable Rassam venait de temps à autre rôder dans l'espoir de rafler des broutilles, tandis que les Arabes des alentours, alléchés, s'affairaient à de plus ou moins fructueuses excavations clandestines.

Parmi quantité de matériaux de toute sorte, on en tira des pièces admirables, joyaux du musée du Louvre, puisqu'en ce temps-là les fouilleurs avaient la propriété de ce qu'ils sortaient du sol. Ne mentionnons ici que les plus glorieuses : les statues de Gudéa ; le vase d'argent d'Entemena, prince de Lagash, dont nous savons aujourd'hui qu'il vivait autour de 2400 avant notre ère ; l'incomparable stèle des Vautours (vers 2450) ; la masse d'armes de Mesilim, roi de la ville de Kish avant 2500. Ces monuments étaient gravés d'inscriptions plus ou moins longues, qui fournissaient des repères inespérés pour la reconstitution d'une histoire

De Sarzec (ici avec son équipe) a exhumé nombre de statues en diorite du prince souverain de la ville autour de 2100, Gudéa (à gauche, une tête ; à droite, deux statues : l'une le représente assis, en orant ; l'autre, tenant un vase dont les eaux jaillissantes étaient un symbole de prospérité). Sur chacune on avait gravé une de ces inscriptions qui ont permis d'identifier et de restituer la langue sumérienne.

aussi vieille, aussi complexe et aussi oubliée.

Mais le sol de Tellô devait restituer également une quantité prodigieuse, inouïe alors et depuis, de tablettes d'argile inscrites : quelque cinquante mille ou soixante mille, dont le graphisme et la présentation, comme ceux des monuments et de leurs inscriptions, accusaient de fortes différences d'avec l'écriture et le style plastique, déjà connus, des Assyriens et faisaient beaucoup plus archaïque.

Ce sont ces monuments et ces documents qui, expédiés à Paris et aussitôt mis à l'étude, ont commencé de fournir aux assyriologues de quoi établir, non sans tâtonnements et disputes, on l'a vu plus haut, l'existence d'une langue encore inconnue, complètement différente de l'« assyrien » sémitique et que l'on finirait par appeler « sumérien ». Style nouveau, forme d'écriture et langue nouvelles : il s'agissait donc bien d'une civilisation inconnue et antique, retrouvée ainsi tout d'un coup par les fouilleurs dans le sud du pays.

Ainsi les archéologues inauguraient-ils brillamment leur rôle

Également en provenance de Tellô, accompagné d'une inscription dédicatoire et orné de représentations religieuses, ce vase d'argent avait été dédié par le roi de Lagash, Entemena (2404-2375), au dieu principal de sa ville : Ningirsu.

Encore plus ancienne, plus magnifique et d'un plus grand prix, à la fois comme document d'histoire et comme œuvre d'art, ce qu'il reste de la stèle sur laquelle le roi de Lagash, Eanatum (2454-2425), avait raconté, en l'illustrant de scènes saisissantes, la guerre entre sa cité et celle voisine d'Umma : on y voit en haut l'avancée de soldats en phalanges serrées ; et, en bas, les cadavres amoncelés des ennemis abattus, déchiquetés par les «vautours». Monument de la plus vieille langue littéraire sumérienne, c'est également un des chefs-d'œuvre de la plus vieille statuaire du pays.

capital à la recherche de ce lointain passé sorti de
toutes les mémoires : d'une part, en fournissant aux
déchiffreurs et aux philologues de plus en plus de
documents nouveaux, indispensables au progrès de la

lente et sinueuse reconstitution historique ; d'autre part, en ramenant du fond de la terre, souvent en lambeaux, mais authentiques et palpables, toutes sortes d'éléments de la vie matérielle des auteurs et utilisateurs de ces textes. Avec les fouilles de Tellô, les premiers pas étaient faits, à la rencontre d'un passé totalement perdu, inimaginable et bien plus reculé encore que celui que l'on espérait, d'abord, en deçà de l'horizon du Ier millénaire avant notre ère.

A droite, gravée sur le pourtour d'une crapaudine en diorite, du site de Nippur, une inscription dédicatoire, en sumérien, du roi Amar-Sin qui a régné à Ur entre 2046 et 2038 : «Pour Enlil, roi de tous les pays, son maître bien-aimé, Amar-suena,

Les fouilles américaines de Nippur

Entre 1889 et 1900, fascinés, eux aussi, par le sud du pays, des fouilleurs américains que soutenait, notamment, l'université de Pennsylvanie, à Philadelphie, s'en prirent, en quatre campagnes, au site également méridional de Nippur, à quelque 50 kilomètres au sud-est de Babylone, et dont les ruines semblaient prometteuses. Cette vieille cité, nous

l'avons vite appris, était le propre centre religieux antique du pays, autour de son temple majeur, l'Ekur, « Temple (pareil à une) montagne », dédié à Enlil, le souverain des dieux et des hommes. Les premières fouilles de Nippur – elles seront reprises beaucoup plus tard à partir de 1948, avec un souci cette fois rigoureux d'archéologie scientifique, par d'autres techniciens, également américains – marquent, en somme, les débuts de l'internationalisation de l'archéologie mésopotamienne : après les Français et les Anglais, d'autres savants, de divers pays, et les

qu'Enlil a appelé à Nippur, pour soutien de son temple, roi puissant, souverain d'Ur, souverain des quatre-régions-du-monde, a bâti ce présent sanctuaire, aux offrandes de qui ne manqueront jamais miel, beurre, ni vin.»

Américains d'abord, se trouvaient pris d'une contagion de curiosité et d'émulation devant la découverte d'une aussi vieille histoire, dans laquelle ils devaient bien pressentir que les origines de notre propre civilisation se trouvaient impliquées d'une manière ou d'une autre.

Ces fouilles produisirent naturellement une large collection de reliques de la vie matérielle antique, et surtout une quarantaine de milliers de tablettes, dont un bon nombre allaient se révéler d'une considérable importance pour l'étude de la littérature et de la religion à l'époque ancienne (fin du IIIe millénaire et début du IIe) ; un autre lot – beaucoup plus récent : de l'époque perse (entre 450 et 400) –, fournissant notamment les archives d'une véritable firme bancaire spécialisée dans l'achat et la vente de terrains agricoles. Ces trouvailles, toujours bonnes à prendre, ne compensaient pourtant

Hermann Hilprecht (ci-dessous) a dirigé le chantier de Nippur à partir de 1898 (à gauche, un gros vase d'argile exhumé lors de ces fouilles).

pas l'assez bas niveau scientifique de la fouille,
menée d'une façon plus ou moins chaotique et
encore animée avant tout par la recherche des objets,
loin d'un véritable souci d'histoire.

Stratigraphie et céramologie
permettent des fouilles scientifiques

Avec l'expérience acquise à chacune
de leurs campagnes, le travail des
fouilleurs ne cesserait de
rapprocher, pas à pas, leurs
activités d'un statut

Dès 1889, l'attention
des fouilleurs de
Nippur a été attirée par
un tell sous les
décombres duquel il
était facile de voir
pointer une ziqqurrat.
Dans cette zone (ci-
contre et ci-dessus), on
a exhumé le célèbre
temple appelé Ekur, et
voué au souverain des
dieux, Enlil, centre
spirituel non
seulement de la ville –
qui n'a jamais joué de
rôle que religieux –,
mais du pays entier.
On y a découvert une
bibliothèque de vingt
trois mille tablettes,
qui ont permis,
notamment,
de restituer quantité
d'œuvres littéraires.
Elles sont conservées,
en grande partie, à
l'University Museum
de Philadelphie.

La fouille archéologique doit être méthodique. Les couches successives, incorporant chacune un moment déterminé de l'histoire ancienne locale, sont ici nettement mises en évidence. On ramasse tous les tessons, déjà éloquents par eux-mêmes, et l'on reproduit avec soin le galbe et les particularités du moindre vase retrouvé, intact ou en fragments recomposés.

proprement scientifique. A mesure qu'ils s'enfonçaient plus bas dans le sol, passant ainsi d'une page à la précédente de ce grand volume d'archives déposées, couche après couche, « strate » après « strate », par le cours du temps, ils y remarquaient, en chacune, des récurrences et des différences, constantes qui, jouant le même rôle que les fossiles caractéristiques des divers âges géologiques, ne permettaient pas seulement d'identifier chaque strate, mais aussi de la situer, dans la durée, par rapport aux autres, en une chronologie du moins relative mais suffisante à percevoir les changements successifs et le « progrès » des choses.

Les plus différenciés de ces éléments, non moins que les plus nombreux, dans ce pays d'argile, et les plus faciles à reconnaître, c'étaient les innombrables pièces et tessons de terre cuite, variant d'une époque à l'autre par la qualité de leur argile, leur cuisson, leur facture et leur ornementation. Ils pouvaient donc fournir d'irremplaçables jalons dans le cheminement du passé, en permettant de situer entre elles les couches successives qui composaient à la fois le sous-sol du pays et le dossier stratifié de son histoire antique. Capable de se tailler ainsi peu à peu ses outils essentiels – sa stratigraphie et sa céramologie, enrichies et précisées d'une fouille à l'autre, non moins qu'étayées et complétées, avec le temps, de critères encore plus rigoureux, et scientifiquement contrôlables –, l'archéologie partait d'un bon pied à la remontée du temps.

Les choses ont commencé de changer avec de nouveaux venus sur le chantier mésopotamien : les Allemands. Arrivés vers la fin du siècle dernier, non seulement ils ont été assez audacieux pour se mesurer d'emblée avec les sites les plus colossaux du pays : Babylone, Assur et Uruk/Warka, mais ils y ont rapidement démontré leurs qualités de chercheurs méticuleux et méthodiques, y mettant au point de nouvelles pratiques, rapidement éprouvées, et y contribuant pour une large part à faire de l'archéologie une discipline historique, de plus en plus exacte et branchée sur des techniques de laboratoire les plus avancées et fiables.

« A Koldewey échut la tâche la plus gigantesque qui fut – et qui sera – dévolue à un archéologue : exhumer Babylone ! » (Oscar Reuther)

A proprement parler, Babylone n'a pas été « découverte » : les hauts murs du

Après les fouilles de Koldewey (ci-dessous) à Babylone (photos pages suivantes), les archéologues ont tenté de dresser plans et élévations des principaux édifices dont ils avaient dégagé et étudié les vestiges.

temple d'Ishtar et de la Voie sacrée – que suivaient autrefois les processions solennelles – n'avaient pas été ensevelis par les déblais accumulés, et ils en émergeaient encore, tout entamés et ruinés qu'ils fussent. En 1896, ils fascinèrent deux archéologues allemands, Eduard Sachau et surtout Robert Koldewey, qui se mirent au travail

Voici la maquette du fameux et immense sanctuaire principal de Babylone, l'Esagil, dédié au dieu souverain de cette ville et de l'univers : Marduk. On y voit, au milieu, sa gigantesque ziqqurrat à sept étages, laquelle se haussait à 90 m de haut, et dont il ne reste plus, aujourd'hui, qu'un misérable recoin informe.

dès 1899, et jusqu'en 1917. Véritable mégalopole, Babylone se trouvait ensevelie sous un périmètre énorme de terre. Elle était enfermée dans une double enceinte : l'extérieure, entourant la ville proprement dite, faisait un immense rectangle, de 1 800 mètres sur 1 300 mètres, bardé de près de cinquante tours. Il s'y trouvait – nous le savons par des documents depuis retrouvés – plus de mille temples et lieux saints, parmi lesquels le plus gigantesque et le plus fameux du pays, à partir de la moitié du IIe millénaire, était l'Esagil (« Temple au pinacle sublime »), consacré au grand dieu Marduk, avec sa tour à étages, sa ziqqurrat – la fameuse « tour de Babel » de la Bible.

La Babylone de Nabuchodonosor

Cette photographie a été prise par les fouilleurs le 1er avril 1902, au moment où commençait le dégagement du secteur de l'entrée de la ville appelé porte d'Ishtar, à quoi aboutissait la grande voie processionnelle, en longeant les murs de l'Esagil. Les rails des wagonnets Decauville ont été mis en place pour évacuer au loin la terre dont l'enlèvement découvrait, à mesure, des morceaux d'édifices, des monuments amputés, des cours et des artères. En bas, les ruines du quartier central de Babylone, en partie excavées et dégagées.

Vue depuis le nord (pages 96-97), la porte d'Ishtar est dégagée. Ses murs font plus de 12 m de hauteur. On y devine, en perspective, les débuts de la grande voie processionnelle et on y voit, sur les murs en briques émaillées, les animaux monstrueux qui les ornementaient.

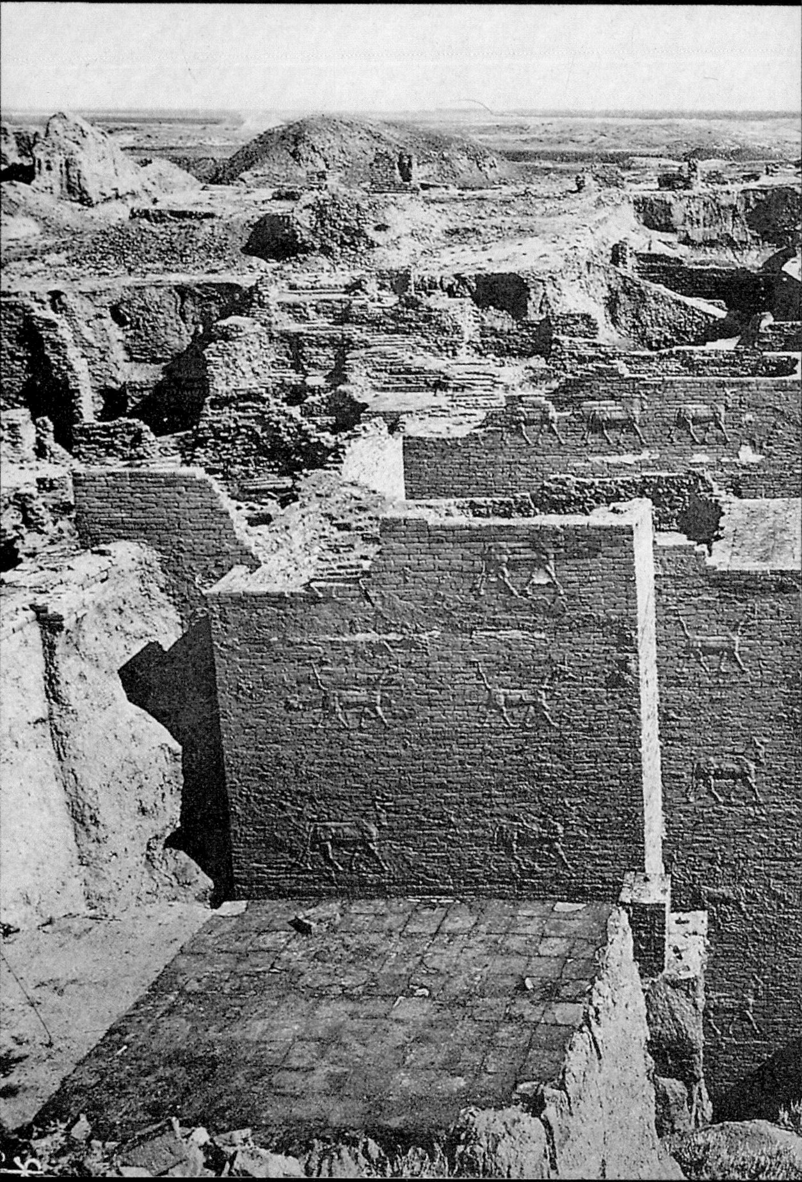

Tel était l'état des lieux au milieu du Ier millénaire avant notre ère : de la cité, des temples et des palais bâtis ou restaurés par Nabuchodonosor II (604-562) ou Nabonide (555-539), voire par les rois perses achéménides ou les Grecs séleucides, après 330.

Les archéologues ne pouvaient remonter plus avant

Cette maquette en couleurs d'une partie de la voie processionnelle et de la porte d'Ishtar, qui la clôturait, donne une bonne idée de l'effet à la fois somptueux et froid, magnifique et hiératique produit par cet art monumental et ornemental.

dans le temps, parce qu'ils ne pouvaient descendre plus bas dans la terre. La Babylone antérieure, la ville ancienne, mise en valeur et embellie par son premier grand roi, Hammurabi (1792-1750), était noyée dans les eaux d'infiltration de l'Euphrate, auquel la ville se trouvait adossée à l'ouest : un sondage sans grands résultats démontra que tous les efforts pour y accéder seraient vains. De cette ville splendide et glorieuse du milieu du Ier millénaire, admiration et stupeur de l'univers entier, à l'époque – comme on le sent encore en lisant les historiens grecs –, il ne restait qu'un vaste champ de ruines, des vallonnements informes recouverts de palmiers, comme pour mieux souligner à quel point la grandiose histoire qu'elle résumait avait été effacée de la terre et de la mémoire.

Les fouilles de Koldewey devaient en ressusciter une partie, donnant en même temps une idée de ce que pouvait être une grande cité mésopotamienne. Avec sa porte d'Ishtar – transférée au Musée de Berlin ; celle qu'on voit aujourd'hui à Bagdad n'en est qu'une copie –, ses temples des déesses Ninmah et Gula et du dieu Ninurta, et surtout l'Esagil de Marduk – dont il ne restait pourtant presque rien de la ziqqurrat gigantesque –, son complexe monumental du *Südburg* (Château sud), qui devait abriter le quartier administratif, son palais royal, où les archéologues ont dégagé des structures qui faisaient penser aux fameux « jardins suspendus », dont les voyageurs grecs avaient parlé comme d'une des merveilles du monde, ses quais de l'Euphrate et les restes du pont qui l'enjambait, la Babylone retrouvée par Koldewey est restée une des découvertes majeures de l'archéologie orientale et de l'archéologie tout court.

Parmi les nombreux travaux de ce savant, dont les gigantesques efforts en son chantier principal n'arrivaient pas à essouffler la curiosité et l'ardeur, il faut du moins mentionner, de juin 1902 à

Les bas-reliefs à figurations d'animaux, en briques cuites recouvertes d'un épais émaillage polychrome, sont caractéristiques du règne de Nabuchodonosor II. Tout un bestiaire épouvantable hantait la pensée religieuse du temps : ici, en haut, le «dragon» à tête de serpent de Marduk ; en dessous, le taureau du dieu de l'orage Adad.

mars 1903, une courte excavation du site de Fâra, l'antique ville fameuse de Shurupak, à quelque 70 kilomètres au sud-est de Babylone. On y retrouva surtout des tablettes inscrites très anciennes : partie d'ordre économique, partie – comme on devait le comprendre bien plus tard, entre 1963 et 1965, lorsque les Américains fouillèrent le site presque contemporain du tell Abu-Salâbîkh – composant le plus vieil ensemble littéraire connu, dans le pays et au monde : autour de 2700 !

Assur : une histoire reconstituée sur plus de deux millénaires

L'inaccessibilité des couches anciennes de Babylone incitèrent Koldewey et ses collaborateurs et disciples à chercher autre part un site plus ancien qui leur permît de ne point s'arrêter en chemin dans la remontée vers l'Antiquité du pays. On s'était convaincu que l'ancienne capitale du royaume septentrional, l'Assyrie, à savoir la ville d'Assur, gisait, en amont de l'embouchure du Zâb inférieur, sous les ruines du lieu-dit Qala'at Shergat, où on avait

Walter Andrae (ci-dessus) avait trouvé à Assur en 1906 cet orthostate en céramique cuite vernissée, du VIIIe siècle avant notre ère. Ce type d'objet décorait les murs des chambres et des vestibules des palais. Celui-ci représente un dieu, surélevé, qui accueille et bénit son fidèle.

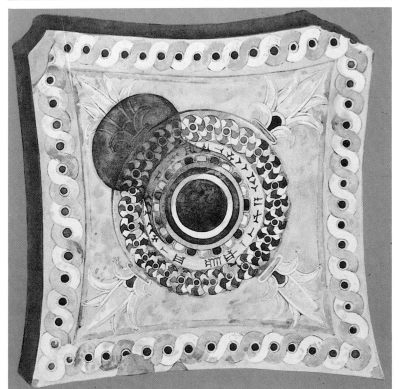

déjà fait quelques trouvailles, sur la rive droite du Tigre. L'archéologue allemand Walter Andrae y entreprit, en 1903, une fouille qui devait se poursuivre jusqu'en 1914.

Sous les installations de surface, plus ou moins ruinées, d'époque arabe et, auparavant, sassanide et parthe, on n'y retrouva pas seulement des centaines de tablettes économiques, juridiques, littéraires et religieuses, illustrant richement la vie et la pensée du pays durant toute la seconde moitié du IIᵉ millénaire, encore presque inconnue, mais aussi les restes de nombreux et importants sanctuaires, en particulier deux, jumelés, des dieux Sîn et Shamash, et celui de la déesse Ishtar, patronne du pays.

C'est là que le savoir et la technique d'Andrae

On recouvrait aussi les murs de ces carreaux émaillés, garnis, au centre, d'un large bouton dont ne voit pas bien la nécessité. Des quantités en ont été retrouvées à Assur. Pour leur décoration, à la fois géométrique et stylisée, l'imagination des artistes se donnait libre cours. Celui-ci (aquarelle d'Andrae ci-dessus) date du règne de Tukulti-Ninurta II (890-884), roi d'Assur.

allaient donner toute leur mesure : il put, d'un étage à l'autre, en remontant le temps, reconstituer l'histoire de ce lieu sacré sur plus de deux millénaires, depuis le temps du dernier Assyrien, Assur-uballit, qui devait succomber sous les coups conjugués des Babyloniens et des Mèdes en 612 avant notre ère. Il en remonta, peu à peu, les états successifs, depuis le XIVe siècle avant notre ère ; puis, encore plus haut, jusqu'à la fin du IIIe millénaire, lorsqu'on avait réparé les dégâts d'un saccage commis un siècle auparavant ; atteignant même, enfin, la propre fondation du lieu saint, à l'orée de ce millénaire. C'est par de tels avancements, de telles réussites que l'archéologie affirmait ct confirmait sa valeur de discipline historique.

Warka, la troisième grande fouille allemande

A mi-chemin entre Bagdad et Bassorah, en plein désert, on avait remarqué depuis longtemps, même avant Loftus, au lieu-dit aujourd'hui Warka, et autrefois Uruk, un immense amoncellement de ruines plus ou moins recouvertes de sables. En 1913-1914, Koldewey et Julius Jordan y menèrent, une année durant, une première campagne, d'emblée prometteuse. L'entreprise, interrompue par la guerre, ne reprit qu'en 1928, sous la direction du même Jordan, Koldewey étant mort, octogénaire, en 1925.

Sur ce chantier démesuré, et à première vue informe, la difficulté résidait dans le plan d'attaque. Uruk avait été habitée jusque deux siècles au moins après notre ère, tant que l'Euphrate la traversait et en arrosait la contrée ; on l'avait désertée lorsqu'il avait dérivé son cours à une vingtaine de kilomètres. Les vestiges parthes – temples, palais et tombes – encombraient donc, si l'on peut dire, une bonne partie de la surface. Sans les négliger, les fouilleurs reportèrent leur intérêt principal sur la région centrale, marquée par un monticule important autour d'une ziqqurrat en briques d'argile crue, d'une trentaine de mètres de hauteur : c'était le temple fameux de l'Eanna (« Temple du ciel »), auquel on s'attaqua pour en recomposer l'histoire.

Julius Jordan entreprit, à partir de 1928, la fouille d'une partie du grand temple d'Uruk, l'Eanna, dont les premières traces remontent au haut IVᵉ millénaire. Dédié au dieu du ciel An et à sa «hiérodule», Inanna, fameux, riche et puissant depuis toujours dans le pays entier, c'est dans ses murs que l'on a retrouvé les plus vieux documents de l'écriture créée, peut-être bien sur place, vers 3200. Les premières tablettes sont vouées exclusivement à la comptabilité des mouvements, sans doute importants, des marchandises propriété du sanctuaire : on y voit ensemble des chiffres imprimés plus profondément et des signes tracés à la pointe.

Dès la deuxième campagne, en 1929-1930, Jordan, voulant savoir où il allait, effectua un sondage profond jusqu'au sol vierge, restituant ainsi toute la suite des couches depuis les premières installations dans ce qui serait peu à peu une des villes antiques les plus fameuses du pays, jusqu'à son abandon, quatre mille ans plus tard.

Depuis, on a continué de fouiller méthodiquement ce large champ de ruines. La guerre de 1939 a de nouveau arrêté les travaux, repris en 1954, sous la direction de Heinrich Lenzen, et continués depuis, en campagnes annuelles – aujourd'hui une fois encore interrompues par la situation politique.

La région centrale et ses temples ont été largement explorés, non moins que les remparts dégagés, mais il reste beaucoup à faire dans un terrain aussi opulent, et surtout traité avec la plus grande minutie et rigueur par les archéologues. Leur plus grande surprise a été, dès 1928, la trouvaille des plus vieux documents écrits, avec la quasi-certitude que l'écriture cunéiforme, dès 3200 environ, avait été inventée sur place.

La fouille d'Uruk, toujours inachevée, demeure une réussite exemplaire, un modèle, un travail de référence en matière d'archéologie mésopotamienne.

Datées de la fin du IVᵉ millénaire, les ruines du temple C à Uruk. On y voit encore les restes d'épaisses murailles à redents, en briques crues, délimitant des vestibules, des salles et peut-être des cours, qui composaient le lieu sacré. En haut, deux foyers avaient été creusés dans le sol d'une pièce. Des traces de cuisson du sol laissent supposer la chute, lors d'un incendie, de longues poutres (9 m) qui devaient servir à la couverture.

Sur cette carte de la Mésopotamie, figurent les principaux chantiers de fouilles ouverts depuis le milieu du XIXᵉ siècle.

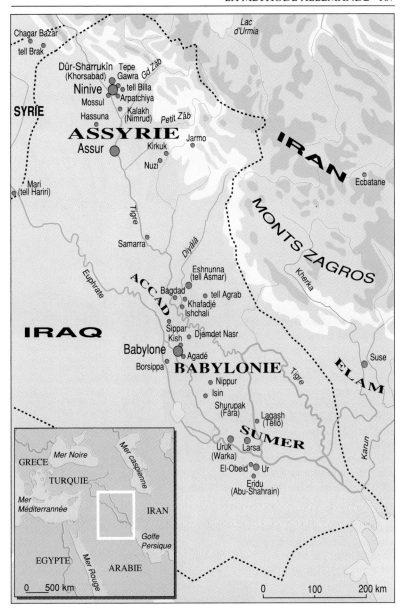

Outre un considérable et inappréciable matériel, tant archéologique que documentaire, elle a fourni, pour la première fois, une stratigraphie complète de la Basse-Mésopotamie, depuis le sol vierge, avant l'installation des plus anciens occupants en primitif village, dès le Vᵉ millénaire, jusqu'à l'édification de villes, d'importance croissante au fil des siècles, d'abord ouvertes, puis – signe de temps troublés – défendues de larges remparts, et de plus en plus développées et complexes.

«Ur de Chaldée», patrie d'Abraham

A une soixantaine de kilomètres au sud-est d'Uruk, mais de l'autre côté de l'Euphrate, les ruines appelées de nos jours tell Muqayyar avaient été, dès 1854, sondées rapidement par J. E. Taylor, et Rawlinson y avait reconnu le site de la fameuse cité antique d'Ur, celle-là même d'où, à en croire la Bible, Abraham serait parti (Genèse, XI). Ce n'est pourtant pas avant 1922 que les Anglais y revinrent et que

Parmi le mobilier somptueux du «cimetière royal» d'Ur, on a retrouvé ce capridé en lapis-lazuli et feuilles d'or, dressé pour brouter la verdure d'un arbre également fait et plaqué d'or. Les sortes de lamelles d'or qui recouvrent le corps de l'animal stylisent les flocons de sa laine. A droite en bas, le même objet précieux dans le propre état où l'ont découvert les fouilleurs. Woolley a utilisé de la cire bouillante pour consolider les objets délicats avant de les retirer du sol.

l'archéologue Leonard Woolley s'y attaqua sérieusement, pour une série de campagnes de fouilles poursuivies jusqu'en 1934.

Les découvertes n'y manquèrent pas, en particulier dans la zone sacrée, où l'on déblaya les alentours et les vestiges de l'ample sanctuaire dédié au dieu de la Lune (en sumérien Nanna, et Sîn en akkadien) : l'Ekishnugal (« Temple de grande lumière »), flanqué d'une ziqqurrat, en briques cuites et relativement bien conservée sur une vingtaine de mètres de hauteur. Non seulement on y exhuma des milliers d'inscriptions et de tablettes, de tout contenu et de toutes époques, depuis le haut IIIe millénaire jusqu'aux temps de Nabuchodonosor II et de Nabonide, lesquelles fournissaient de quoi restituer plus d'une étape de la longue histoire de la ville et du pays, mais le fait – assez exceptionnel – que nombre de ces

❝La harpe ou la lyre est un trait caractéristique du mobilier funéraire des tombeaux royaux ; dans la grande «fosse des morts», il n'y a pas moins de quatre lyres. L'une d'entre elles était la plus magnifique que nous ayons jamais vue ; sa caisse de résonance présentait en bordure une large bande de mosaïque rouge, bleu et blanc ; les deux montants étaient incrustés de coquille, de lapis-lazuli et de pierre rouge disposés en zones séparées par de larges galons en or ; une moitié de la traverse se trouvait en bois ordinaire, l'autre était revêtue d'argent ; des plaques de coquille portant gravées des scènes d'animaux ornaient le devant de l'instrument et, au-dessus de celles-ci, une magnifique tête de taureau barbu, en or massif travaillé, se projetait en avant.**❞**
Leonard Wooley,
Ur en Chaldée, 1930

documents aient été trouvés dans les propres maisons et pièces d'habitation où elles avaient été gardées et utilisées, voire écrites, pouvait jeter une lumière sur la vie et les activités d'une partie de la population.

Le palais de la mort

La révélation la plus spectaculaire, unique dans toute l'histoire de l'archéologie mésopotamienne, devait être celle du «cimetière royal» archaïque – on le date aujourd'hui des alentours de 2600 avant notre ère –, exploré entre 1926 et 1931 : une quinzaine de fosses, dont plus d'une se développait en toute une installation architecturale, véritable palais de la mort. Autour des restes du personnage souverain titulaire, parmi un amoncellement de trésors : riche mobilier, coffres, lits, instruments de musique, jeux, vaisselle précieuse, armes, bijoux et parures d'or et de pierres fines, se trouvaient disposées les squelettes – jusqu'à plus de soixante-dix dans une seule tombe ! – de toute une cour évidemment assassinée pour escorter dans l'au-delà son auguste maître. Il y avait là, non seulement des chars, avec leur équipement, leurs bœufs de trait et leurs conducteurs, mais encore des soldats en armes et de grandes dames ornées de tous leurs atours d'or et de lazulite – témoignage matériel unique, jusqu'à ce jour, d'un antique, barbare et sinistre rituel funéraire, heureusement abandonné ensuite. De nombreux vestiges ultérieurs –

Sur ce plan d'une des tombes du «cimetière royal», on peut compter, en dénombrant leurs crânes, les dizaines de corps sacrifiés pour escorter le défunt : des hommes et des femmes, des soldats (casqués) et des animaux, en particulier quatre bêtes de trait, et leurs chars. En haut, à gauche, représentation hypothétique, d'après l'état des lieux fouillés et les trouvailles, de ce que pouvait être une cérémonie funèbre au même «cimetière royal» d'Ur, vers 2600.

sanctuaires et diverses constructions – évoquaient les vicissitudes et la gloire de la cité, depuis sa plus haute époque jusqu'à sa fin – et, en particulier, au dernier siècle du IIIᵉ millénaire, quand elle avait été la capitale d'un royaume unifié, puissant et prospère, enrichi notamment par un commerce actif avec l'étranger, surtout par mer.

La fouille d'Ur marque la fin d'une époque, au cours de laquelle l'ambition des archéologues avait été de s'attaquer d'abord aux grandes capitales du pays, quitte à porter, latéralement, leur intérêt, éveillé à mesure, sur des sites provinciaux, de moindre éclat, mais qui se révélaient plus d'une fois bien plus denses, sinon fastueux, sur le plan de l'histoire, d'autant qu'ils invitaient à une fouille et un examen encore plus exigeants et méticuleux, pour un résultat plus ponctuel, mais plus fécond : ainsi le tell el-Obeid, non loin d'Ur, et Djemdet Nasr, plus haut, à quelque 30 kilomètres au nord-est de Babylone...

ne partie de la face exposant «la Guerre» – l'autre est consacrée aux aises de «la Paix» – de cette sorte de mosaïque (coquille taillée, sur fond de bitume, avec ornementation en cornaline et lazulite), trouvée dans les couches antiques d'Ur, et que l'on a appelée, faute de mieux, l'«étendard» d'Ur.

Dès l'entre-deux-guerres, l'Irak s'intéresse de façon active à son patrimoine archéologique. Après la révolution de 1958, la jeune République s'ouvre largement aux archéologues étrangers. De nouvelles fouilles font progresser encore la connaissance de la civilisation mésopotamienne.

CHAPITRE V
UNE RECHERCHE INTERNATIONALE

A Eridu, entre 1946 et 1949, les archéologues irakiens, associés aux Anglais, ont fouillé en profondeur la ziqqurrat, découvrant, au-dessous, les vestiges d'un temple archaïque, dédié au dieu Enki/Ea, dont ils ont dégagé dix-sept états successifs, depuis sa fondation, au IVᵉ millénaire. Cette statue en albâtre de l'«intendant» Ebih-il a été exhumée à Mari, dans le temple d'Ishtar.

L'orientation de plus en plus rigoureuse et scientifique de la recherche, en Mésopotamie, devait infléchir peu à peu les programmes archéologiques, et, sans décourager les fouilleurs des plus vastes entreprises et des villes fameuses, les tourner plus volontiers vers la « province » : les sites plus à l'écart du centre et plus modestes, pour ne point parler de ceux situés hors du territoire propre de la Mésopotamie, vers lesquels les habitants de ce pays hautement civilisé avaient depuis la nuit des temps exporté quantité de leurs créations et de leurs trésors culturels. On peut citer au moins, au sud-est, en Elam, Suse, d'où proviennent des pièces aussi capitales pour la connaissance de l'histoire, de la culture et de l'art mésopotamiens que l'admirable stèle de Narâm-Sîn (2254-2218) et le «code» célèbre de Hammurabi (vers 1750), jadis enlevés de leur patrie et importés chez eux par les pillards élamites ; dans le lointain Nord-Ouest, en Anatolie, Boghaz Köy (autrefois Hattusa), capitale des Hittites, indo-européens, au IIe millénaire, lesquels avaient tant reçu de Babylone, y compris son écriture ; en Syrie, sur les bords de la Méditerranée, Ras Shamra (jadis Ugarit), où, depuis 1928, dans les ruines de cette vieille cité, on a retrouvé toute une littérature, pas seulement en akkadien et en écriture cunéiforme, mais aussi dans une langue locale, sémitique et auparavant inconnue, et dans un alphabet nouveau, en éléments cunéiformes, du milieu du IIe millénaire ; enfin, Ebla (aujourd'hui tell Mardikh), à une trentaine de kilomètres au sud d'Alep, où

Retrouvée à Suse, où un roi élamite l'avait emportée en butin de guerre, la stèle de Narâm-Sîn, un des plus grands chefs-d'œuvre de l'art mésopotamien, commémorait la victoire du roi d'Akkadé sur les Lullu, ou Lullubu, montagnards des pentes nord du Zagros.

l'écriture cunéiforme avait été adoptée dès le milieu du IIIe millénaire, pour rédiger, en sumérien et en vieil akkadien, mais aussi dans une langue sémitique nouvelle, proche du vieil akkadien, des milliers de tablettes, retrouvées...

La découverte de la préhistoire irakienne

Ont aussi attiré désormais les fouilleurs, non seulement les vestiges les plus archaïques de la proto-histoire, comme les cultures successives de Hassuna, de Samarra, et des tells Halaf et el-Obeid, qui s'échelonnent entre le VIe et le IVe millénaire, mais encore ceux, bien plus reculés, de la haute préhistoire, jusqu'aux grottes de Shanidar, au-dessus de la vallée du Grand Zâb, en plein paléolithique, il y a 50 000 ans, et au site de Barda-Balka, dans le Kurdistan irakien, plus vieil encore d'une trentaine de milliers d'années.

D'un autre côté, les archéologues se sont plus d'une fois décidés, çà et là, à entreprendre moins des fouilles ponctuelles que des *surveys*, des « explorations d'ensemble », non plus focalisées sur un emplacement particulier, mais couvrant un certain nombre d'installations voisines, afin d'étudier, non seulement ce que chacune pouvait apporter à l'histoire proprement dite, mais encore, tout aussi instructives, leurs interrelations, en même temps que leurs fluctuations et divergences mutuelles, dans un propos au moins aussi anthropologique qu'historique. Ces transformations progressives ont marqué et mené jusqu'à nos jours l'exploration archéologique, en Mésopotamie comme dans le Proche-Orient tout entier. Il faut, certes, lui

Ce vase ornementé d'incisions est représentatif de la céramique dite de Hassuna, autour de 5500. Ci-dessous, divers outils de pierre, du paléolithique supérieur, provenant d'une des grottes de Shanidar.

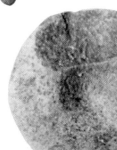

reconnaître quelques échecs, en bien petit nombre, il est vrai. Le plus fâcheux, peut-être, concerne l'emplacement de l'antique capitale de Sargon le Grand (2334-2279), Akkadé, ou Agadé, longtemps encore célèbre après ce roi. En dépit des divers lieux-dits que l'on a successivement acclamés en pensant l'y reconnaître, elle repose toujours – Dieu sait où ! – sous la terre, sans doute quelque part entre Nippur et Sippar.

Nouvelles cultures

La partie septentrionale de là Mésopotamie, ce que l'on appelle proprement l'Assyrie, archéologiquement moins brillante que le Sud, nous a pourtant révélé, grâce aux fouilles entreprises un peu partout, quantité de données historiquement capitales : non seulement des œuvres d'art, particulièrement en matière de céramique peinte, bien supérieures aux plus belles créations contemporaines du Sud, mais encore des populations et cultures nouvelles, d'origine étrangère et nordique, mal intégrées, voire hostiles, au monde mésopotamien dans lequel elles s'étaient glissées, et qui pourtant ont joué, dans le pays, tout au moins pour un temps, un rôle capital.

En 1927, l'Américain Edward Chiera repéra dans la région de Kirkuk un petit tell sur lequel il entreprit aussitôt des fouilles, qui lui ramenèrent au jour un demi-millier de documents cunéiformes. Renforçant son équipe, il entama incontinent le site tout proche de

C e grand vase (à gauche), à décor imprimé et en relief, trouvé à Nuzi, est de basse époque.
Ci-contre, quelques motifs géométriques, qui reviennent volontiers sur les pièces de céramique peinte, autour de 5000, à l'époque dite de tell Halaf.
A droite, un fragment de peinture murale provenant de Nuzi (seconde moitié du IIe millénaire).

Yorgan tépé, et il apprit ainsi, grâce aux quelques milliers de tablettes exhumées, qu'il se trouvait sur l'emplacement d'une ville, appelée Gasur, au IIIe millénaire, et Nuzi au milieu du IIe. Ces tablettes, bien que rédigées en langue akkadienne, étaient d'une teneur maladroite et « provinciale », et surtout truffées de termes, et principalement de noms propres de personnes, appartenant à une famille linguistique isolée et tout autre que le sumérien, le sémitique et l'élamite. On venait de découvrir les Hurrites et leurs comparses, les Mitanniens, dont les traces se révéleront sur toute la frange nord de la Mésopotamie, et jusqu'aux rives de la Méditerranée.

Une fosse retrouvée sur le même site rassemblait, dans des sortes de sarcophages, plusieurs sépultures individuelles. En Mésopotamie, les cadavres étaient toujours ensevelis, jamais brûlés ni autrement détruits. A l'époque ancienne, on les enterrait volontiers dans une espèce de jarre, en position repliée,

en leur fournissant quelques offrandes qu'ils étaient censés emporter avec eux durant le long voyage – dont leur tombe n'était que le premier pas – vers le sombre Royaume souterrain des Morts, leur résidence définitive.

Les capitales assyriennes

Dans la même région, plus au nord-ouest, Ninive,
après les premières explorations de 1849-1850,
semble avoir découragé les archéologues, même les
plus friands de sites colossaux. Peut-être reculaient-
ils devant l'ampleur et les difficultés de la tâche, dans
un territoire aussi dévasté à l'intérieur de l'immense

clôture rectangulaire des remparts : en 1927, puis en 1956, et encore par la suite, on s'est contenté de dégager par des travaux discontinus une partie de cette imposante muraille, avec quelques-unes de ses grandes portes.

Après s'être fait la main aux fouilles d'Ur ; puis, en 1933, en dégageant, à l'est de Ninive, le minuscule mais éloquent site préhistorique d'Arpatchiya ; et, de 1935 à 1939, plus haut encore, mais à l'ouest, dans le bassin du Habur, un palais-comptoir de l'époque de Narâm-Sîn, au tell Brak, et, à quelque distance, Chagar Bazar – en quoi l'on avait cru un moment reconnaître l'antique Shubat-Enlil, capitale du premier roi assyrien illustre, Shamshi-Adad (1813-1781) –, l'archéologue anglais Max Mallowan s'en prit, de 1949 à 1962, à une cinquantaine de kilomètres au sud-est de Ninive et pareillement sur le Tigre, au lieu-dit aujourd'hui Nimrud, et autrefois Kalakh, seconde capitale de l'Assyrie, entamé autrefois par Layard.

Il y dégagea notamment les deux temples d'Ishtar et de Ninurta ; le quai, centre commercial, sur l'ancien lit du Tigre ; et les restes de quatre ou cinq palais, dont le mieux conservé était celui du roi Adad-nirâri III (810-783), aux couloirs encore bordés de hauts et lourds orthostates de pierre, figurés et inscrits dans la manière de ceux découverts autrefois dans les palais assyriens de Khorsabad (Dûr-Sharrukîn). Il y retrouva quelques milliers de tablettes, précieux et éloquents témoins de la vie et de l'histoire de la ville et du pays, à l'époque. On retiendra, en particulier, parmi les inscriptions sur pierre, la stèle du roi Adad-nirâri II (911-891), sur laquelle ce

À Nimrud, au cours des fouilles de Max Mallowan, ont été retrouvées de très nombreuses pièces d'ivoire taillé et sculpté, d'un style particulier où se laissent deviner des influences égyptiennes. Elles avaient décoré des meubles (première moitié du Ier millénaire) : ici, une sorte de sphinx, ailé et couronné.

Ce plat polychrome, à ornementation géométrique, retrouvé par Mallowan à Arpatchiya, date de l'époque de tell Halaf, aux alentours de 5000.

Datant des environs de 3400, cette sorte d'idole, en albâtre, de présentation primitive et presque «abstraite» – seuls les yeux sont mis en évidence ! –, provient du temple du tell Brak où l'on en a retrouvé plus de trois cents.

souverain faisait le récit des énormes travaux, par lui commandés pour rénover et embellir sa capitale, en terminant par la plantureuse et glorieuse liste des victuailles et boissons du gigantesque festin offert, pour sa dédicace, à 69 574 convives : les dignitaires du pays et les artisans de la colossale entreprise. Parmi le vaste et précieux butin archéologique, également sorti de terre, il faut mettre en avant la multitude de pièces d'ivoire sculptées, qui avaient plaqué et orné du mobilier précieux et dont le style, assez particulier, trahissait notamment des influences égyptiennes.

Le somptueux palais de Mari

En 1933, à la suite de la découverte fortuite d'une assez puissante statue sur le lieu-dit tell Hariri, en Syrie, contre la rive droite de l'Euphrate et non loin de la frontière irakienne, l'archéologue français André Parrot entama sur place des excavations qui permirent rapidement d'identifier le site à l'antique cité de Mari, fameuse depuis longtemps en Mésopotamie, pratiquement disparue au milieu du IIe millénaire

La fouille de Mari a donné une riche moisson d'objets : ici le dégagement, dans le sous-sol de la salle du Trône du palais, de la statue en pierre noire basaltique (1,50 m de haut) d'Ishtup-ilum – son nom est inscrit sur le haut de son bras droit –, gouverneur de la ville au dernier quart du IIIe millénaire.

L'équipe des archéologues fouilleurs de Mari, en 1936, pose autour de sa découverte : une statue, en pierre blanche, représentant une déesse (1,40 m de haut) qui tenait en mains un vase duquel une ingénieuse disposition pouvait faire découler un flot, prometteur de riches récoltes et de prospérité.

Comme à Ur, on a retrouvé à Mari (ci-dessous) les éléments d'un «étendard», en coquille taillée, sur fond de bitume (seconde moitié du IIIe millénaire).

avant notre ère, et dont on supposait plus ou moins dans les parages l'emplacement oublié. Continuées jusqu'à présent, les fouilles ont remis au jour non seulement les restes d'un temple d'Ishtar, mais surtout, entre autres édifices et richesses, un immense et labyrinthique palais – réputé dès son temps une merveille du monde –, aux deux très amples cours bordées d'un enchevêtrement de couloirs et de pièces, habitats, magasins ou chapelles, dont les murs étaient parfois encore recouverts de peintures aux couleurs toujours vives.

De ce gigantesque ensemble, on n'a pas seulement tiré – souvent en morceaux, mais même, la chance le voulant, entières – nombre de statues de divinités, de souverains, de gouverneurs, de hauts fonctionnaires, de musiciens, qui se sont révélées plus d'une fois de véritables portraits, on a de même sorti l'inestimable trésor d'une quinzaine de milliers de tablettes cunéiformes : documents économiques et administratifs, où se reflète à merveille la vie du palais, sur une vingtaine d'années, autour de 1770 avant notre ère ; mais surtout quantité de lettres officielles, dont une bonne

Le palais de Mari, dont la magnificence est encore évidente dans cette vue aérienne et cette reconstitution d'une aile du palais, devait être fameux dans le Proche-Orient antique. En témoigne cette lettre d'un seigneur de la côte méditerranéenne au roi d'Alep, écrite vers 1780 av. J.-C. : «Fais-moi voir le palais [mot à mot la maison] de Zimrilim ; je le veux connaître.»

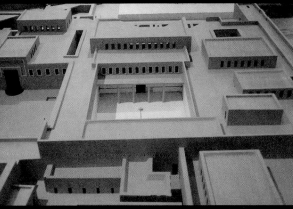

partie trahit – vue de Mari – toute la politique locale et internationale du temps, depuis Babylone et l'Elam, à l'Orient, jusqu'aux rives méditerranéennes. Après une trentaine de volumes parus, on n'a pas encore fini d'éditer cette masse impressionnante d'archives ; et la fouille continue de puiser au fond de la terre, dans cette vénérable cité, des pièces archéologiques et documentaires de toute valeur.

Les Américains dans la vallée de la Diyâlâ

De 1930 à 1936, sous l'égide de l'Oriental Institute de Chicago, des archéologues américains, conduits par le grand Henri Frankfort, se mirent à explorer et exploiter, ensemble, plusieurs sites voisins, dans la vallée de la Diyâlâ, à une cinquantaine de kilomètres à l'est de Bagdad : le tell Asmar (autrefois Eshnunna, capitale d'un petit royaume), Khafadjé (autrefois Tutub), Ishchali (peut-être l'antique Nêribtum) et le tell Agrab. Ils y purent étudier, entre autres, les étapes successives du développement des temples, dont certains d'une

Un dieu et une déesse, dont les statues (environ 50 cm de haut), en pierre blanche, du début du IIIᵉ millénaire, avaient été enfouies sous le sol du «temple d'Abu», au tell Asmar/ Eshnunna, ont été retrouvées lors du dégagement du temple.

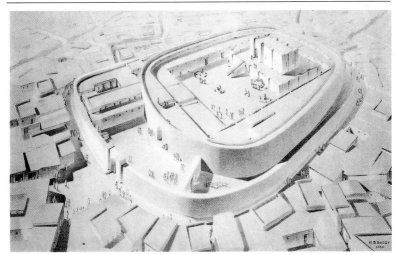

présentation inusitée, en ovale, et dans lesquels dormaient encore d'archaïques statues de dieux et d'adorants, au visage mangé par de très larges yeux.

L'essor de l'archéologie irakienne

D'abord la main dans la main avec les Anglais, puis par eux-mêmes, les Irakiens sont venus, peu avant la Seconde Guerre mondiale, se joindre au concert international des archéologues qui fouillaient et disséquaient le somptueux sous-sol de leur pays. Ils y ont dégagé le complexe architectural qui entourait les restes impressionnants de la ziqqurrat d'Aqarqûf, nom moderne de la ville de Dûr-Kurigalzu, édifiée vers le milicu du IIe millénaire, à quelque 30 kilomètres au nord-ouest de Bagdad. Ils se sont attaqués au site d'Eridu, très antique cité de l'extrême sud du pays, non loin d'Ur, et ils en ont surtout déblayé la tour à étages, construite, autour de 2000 avant notre ère,

Dans la région de la Diyâlâ, à Khafadjé, les archéologues ont mis au jour les restes d'un temple de forme ovale, insolite, dont voici le plan dressé après dégagement complet. Presque unique en Mésopotamie, sa fondation remonte au début du IIIe millénaire. On le fréquentait encore, plus d'une fois restauré et aménagé, six ou sept siècles plus tard. Il voisinait, dans le même secteur, avec deux autres sanctuaires de plan rectangulaire courant, dont un temple de Sîn. On ne sait trop à quelle divinité il était voué : les images et statues divines retrouvées dans son périmètre et son sous-sol n'ont pu être identifiées.

pour recouvrir un temple archaïque, duquel ils ont décapé et analysé, l'un après l'autre, les quelque dix-sept états successifs, remontant jusqu'à sa fondation, en plein IVᵉ millénaire. Ils ont également fouillé, dans la partie sud de Bagdad même, le site du tell Harmal, pour y découvrir les restes d'une petite ville du XVIIIᵉ siècle avant notre ère, appelée Shaduppûm. S'y trouvaient ensevelies, notamment, quantité de tablettes : parmi celles que l'on sortit, et publia, il faut compter, par exemple, non seulement des documents d'une mathématique déjà fort développée et savante, mais encore, en deux exemplaires, le texte complet d'un «code de lois» particulier, plus court que celui de Hammurabi, qu'il aurait précédé de quelques dizaines d'années dans le royaume d'Eshnunna.

Une recherche soumise aux aléas politiques

La Seconde Guerre mondiale avait stoppé la plupart des travaux archéologiques. L'une après l'autre, les fouilles ont repris, ensuite, et bien des nouvelles ont été entamées sur tout le territoire de l'ancienne Mésopotamie et de ses environs, toujours menées sur le plan international : les Allemands à Isin depuis 1953 ; les Américains à Nippur depuis 1953 ; au tell Abu-Salâbîkh depuis 1963, et depuis 1978 dans le haut Habur, au tell Lêlan, où il paraît acquis qu'on doive localiser l'ancienne capitale assyrienne de Shubat-Enlil, imaginée d'abord à Chagar Bazar ; les Anglais au tell el-Rimah – 80 kilomètres au nord-ouest de Mossul – depuis 1971 ; les Danois dans l'île de Bahrein depuis 1953 ; les Français, depuis 1966, à Larsa (aujourd'hui Senkereh), grand site plusieurs fois effleuré déjà et d'où les fouilles régulières, et surtout clandestines, avaient depuis longtemps ramené des milliers de tablettes ; les Italiens à Séleucie depuis 1965 ; les Japonais dans les gîtes préhistoriques à l'ouest de Kerbela depuis 1984 ; les Irakiens, surtout,

Fuad Safar (1903-1978), un des meilleurs archéologues irakiens, lesquels après avoir longtemps travaillé la main dans la main avec les Anglais – ainsi au tell Uqair (site préhistorique des environs de 3500) et à Hassuna (VIᵉ millénaire) –, ont entrepris des fouilles de leur pays, en particulier à Eridu, dans le Sud, et, pour une époque plus récente, à Hatra, dans le Nord.

un peu partout dans leur pays, y compris sur les grands sites, comme la fameuse Sippar (aujourd'hui Abu-Habba), hantée depuis longtemps par les fouilleurs et qui avait livré déjà une bonne cinquantaine de milliers de tablettes ; on y a même trouvé, en 1980, une véritable bibliothèque, dont les premiers « casicrs » seuls, ménagés dans la paroi, contenaient plusieurs centaines de pièces et de fragments littéraires...

L'actuelle situation politique a tout stoppé ; mais historiens et archéologues ont l'habitude de la patience : ils savent combien tout change ici-bas ! Ils reprendront bientôt leurs investigations en Irak, toujours fécondes et prometteuses...

On a recensé en Irak plusieurs milliers de sites archéologiques. Les plus importants ont été presque tous explorés et fouillés, au moins partiellement. Certains, déjà abordés à la fin du siècle dernier, ont été repris plus tard, avec plus de sérieux, d'expérience et de méthode. C'est le cas, de Nippur (ci-dessus, les fouilles américaines des années 70).

TÉMOIGNAGES
ET DOCUMENTS

Le temps des consuls-archéologues

Les consuls français et anglais nommés à Mossul, Bagdad ou Bassorah au milieu du siècle dernier ont joué un rôle pionnier dans la recherche archéologique. Parmi eux, Austen Henry Layard, qui entreprend en 1845 la fouille du site de Nimrud et Victor Place, successeur de Botta sur le chantier de fouilles de Khorsabad.

NINEVEH

AND

ITS REMAINS:

WITH AN ACCOUNT OF A VISIT TO THE CHALDÆAN CHRISTIANS OF KURDISTAN, AND THE YEZIDIS, OR DEVIL-WORSHIPPERS; AND AN ENQUIRY INTO THE MANNERS AND ARTS OF THE ANCIENT ASSYRIANS.

BY AUSTEN HENRY LAYARD, ESQ. D.C.L.

A peine Layard a-t-il commencé à déblayer le palais d'Assurnasirpal que la découverte la plus spectaculaire de la campagne de fouilles se produit.

De bon matin, le lendemain du jour où j'avais fait ces découvertes, je pris mon cheval pour rendre visite au camp du cheik Abd-ur-Rahmane et je m'en revenais vers le chantier lorsque j'aperçus deux hommes de sa tribu, perchés sur leur jument, galopant vers moi à bride abattue. «Dépêche-toi, Seigneur, me dit l'un d'entre eux. Va vite voir tes terrassiers car ils ont retrouvé Nemrod lui-même. En vérité, par Allah, c'est incroyable mais c'est vrai ! Nous l'avons vu de nos propres yeux. Il n'est d'autre dieu que Dieu !», et après cette invocation, ils s'en furent à toute vitesse, sans plus rien dire, en direction de leurs tentes.

Arrivant aux ruines, je descendis dans la tranchée récemment ouverte et j'y trouvai, debout près d'un entassement de paniers et de vêtements abandonnés, deux manœuvres qui m'avaient aperçu alors que j'approchais. Pendant qu'Awad s'avançait vers moi et me demandait déjà une gratification afin de fêter dignement l'événement, les autres retirèrent la bâche qu'ils avaient hâtivement disposée, dévoilant une énorme tête humaine sculptée dans un bloc d'albâtre. Ils en avaient dégagé le haut et le reste était encore enfoui dans le sol. Je me rendis immédiatement compte de ce que cette tête devait être celle d'un lion ailé ou d'un taureau, pareille à celles exhumées à Khorsabad et à Persépolis. L'expression du visage était paisible mais cependant majestueuse et le style des traits prouvait à la fois une liberté et une science artistiques qu'on pouvait difficilement attendre d'œuvres datant d'une époque aussi lointaine. La coiffe portait trois cornes et, à la différence des taureaux à tête humaine trouvés en d'autres lieux d'Assyrie, elle était arrondie et sans ornement au sommet.

Je ne fus guère surpris d'apprendre que les travailleurs arabes avaient été abasourdis et même terrorisés devant cette apparition. Il ne fallait pas un gros effort d'imagination pour y voir la plus étrange chimère. Cette tête monumentale, dans sa blancheur originelle, qui surgissait ainsi des entrailles de la terre, pouvait fort bien avoir appartenu à l'un de ces êtres terrifiants que les légendes locales évoquent souvent et qui se dressent devant les mortels, émergeant lentement du monde souterrain. D'ailleurs l'un des manœuvres, lorsqu'il avait découvert le monstre, avait laissé tomber son panier et s'était enfui à toutes jambes jusqu'à Mossoul. Cet incident me consterna car j'en appréhendais les conséquences.

Alors que je supervisais le dégagement de la terre qui enveloppait encore la statue colossale et que je donnais mes instructions pour la suite des travaux, j'entendis un galop de chevaux et tout à coup Abd-ur-Rahmane, suivi de la moitié de sa tribu, apparut

au sommet de la tranchée. Dès que l'Arabe était parvenu au campement et avait annoncé l'événement, chacun avait sellé son cheval et galopé vers le tertre des fouilles pour vérifier de ses yeux la réalité de cette nouvelle incroyable. Quand ils aperçurent la tête, ils tombèrent en prière : «Il n'est d'autre dieu que Dieu et Mahomet est son prophète !» Il me fallut un certain temps pour convaincre le cheik de descendre dans la fosse et constater par lui-même que la statue qu'il voyait était faite de pierre. «Ceci n'est point œuvre de la main de l'homme, s'exclama-t-il, mais celle de ces géants impies dont le Prophète – la paix soit sur Lui !– a dit qu'ils étaient plus hauts que les plus grands palmiers. Ceci est une de ces idoles que Noé – la paix soit sur lui ! – a maudites avant le Déluge.» Cette opinion, fruit d'un examen minutieux, fut approuvée par toute l'assistance.

Je donnai alors ordre de creuser une nouvelle excavation juste au sud de la statue dans l'espoir de trouver un autre monument semblable et, avant la tombée de la nuit, nous avions effectivement découvert ce que je cherchais, environ quatre mètres plus loin. Ayant prescrit à deux ou trois travailleurs de passer la nuit sur le site, je retournai au village et fis célébrer la trouvaille du jour en ordonnant de mettre un mouton à la broche. Tous les Arabes de l'endroit partagèrent le festin et comme il se trouvait que quelques musiciens fussent de passage à Selamiyeh, je les fis venir ; les danses et les réjouissances se prolongèrent fort avant dans la nuit.

Le lendemain matin, des indigènes venus de l'autre rive du Tigre et les habitants des villages environnants convergèrent vers le chantier des fouilles. Même les femmes, qui ne pouvaient refréner leur curiosité, vinrent de loin en grand nombre avec leurs enfants. Cawass, mon homme de confiance, monta la garde dans la tranchée tout au long de la journée pour empêcher la foule d'y descendre.

Ainsi que je le craignais, la nouvelle de la découverte de cette tête gigantesque, portée à Mossoul par le manœuvre terrifié, avait jeté un certain émoi en ville. L'homme avait couru d'une traite jusqu'au pont. S'engouffrant hors d'haleine dans le bazar, il avait annoncé à tout un chacun, sur sa route, que Nemrod lui-même avait surgi de terre. Cette information parvint rapidement aux oreilles du cadi qui, toujours à l'affût d'une occasion de me

créer des ennuis, convoqua chez lui le mufti et l'uléma pour s'entretenir avec eux de cet événement inattendu. Après en avoir délibéré, ils se rendirent en cortège auprès du gouverneur pour lui présenter une protestation solennelle, de la part des musulmans de la ville, contre des méthodes qu'ils jugeaient rigoureusement contraires aux préceptes du Coran. Le cadi ne savait d'ailleurs pas très bien si nous avions exhumé les ossements du fameux chasseur ou seulement sa statue ; quant à Ismaïl Pacha, il ne parvenait pas à se rappeler si Nemrod avait été un prophète digne de la vénération des Croyants ou un infidèle ! Quoi qu'il en soit, je reçus un message difficilement compréhensible de «Son Excellence» m'intimant l'ordre de traiter ce vestige d'un autre âge avec tout le respect voulu et de ne le déplacer sous aucun prétexte. Il entendait que les fouilles soient arrêtées sur-le-champ et souhaitait discuter de ce sujet avec moi.

Je me rendis donc auprès de lui, selon ses ordres, et j'eus quelques difficultés à lui faire comprendre quelle était la nature exacte de notre découverte. Après qu'il m'eut demandé de suspendre nos opérations jusqu'à ce que le calme avaient trouvé les grandes figures brisées en plusieurs fragments, ou bien ils s'étaient décidés à les scier en quatre, même en six morceaux, et avaient ainsi tourné la difficulté. Dans ces opérations, en effet, ce n'est pas le nombre des morceaux, ce sont les dimensions et le

soit revenu, je rentrai à Nimroud et licenciai mes gens, ne conservant que deux hommes pour creuser la terre, sans se presser, le long des murailles afin de ne créer aucun nouvel incident.

Henry Austen Layard,
Nineveh and Its Remains, 1849

A Khorsabad, Victor Place entreprend le déménagement de pièces monumentales.

Le ministre des Beaux-Arts ayant décidé l'envoi en France des sculptures et autres pièces d'antiquité provenant de Khorsabad, je dus songer aux mesures à prendre pour mener à bien cette entreprise. Pourtant, parmi les objets dégagés, nous en comptions quelques-uns, dont la taille et le poids étaient faits pour donner à réfléchir. Précédemment, mes devanciers avaient effectué des envois de ce genre ; mais, ou bien ils

poids des masses à mouvoir qui importent ; or, au nombre de nos découvertes figurait une entrée monumentale où se dressaient quatre monolithes de taille colossale, devant lesquels il était bien permis d'hésiter. D'un autre côté, cependant, cette porte, avec ses sculptures, sa voûte et son archivolte si bien conservées, formait un spécimen unique de l'art de bâtir ninivite ; elle nous offrait des renseignements inattendus sur un système de décoration et des procédés de construction entièrement nouveaux, et il y avait un haut intérêt pour nos collections à posséder une œuvre aussi complète, dans l'état même où les Assyriens l'avaient laissée. Le ministre avait donc pensé avec raison qu'il ne fallait rien négliger pour amener jusqu'à Paris, et dans leur entier, même les plus grands monolithes. Du reste, tout ce qui pouvait m'être nécessaire était largement mis à ma disposition : des fonds suffisants étaient alloués ; un bâtiment de fort tonnage, spécialement affrété, devait venir à Bassorah, recevoir mes envois et les conduire au Havre, après avoir, par conséquent, doublé deux fois, aller et retour, le cap de Bonne-Espérance. Tant de bon vouloir et de sacrifices étaient pour moi un énergique stimulant ; aussi, malgré des difficultés dont je me rendais parfaitement compte, je me déterminai à tenter l'aventure. Lorsque je pris mes arrangements, mon premier soin fut d'évaluer le poids des monolithes, car ce poids devait régler la nature et la puissance des moyens à employer.

A l'aide d'un fragment de gypse régulièrement équarri, j'obtins le poids exact d'un double décimètre cube de la même pierre dont les sculptures sont composées, et ensuite, par un calcul comparatif, j'arrivai à constater que chacun des génies pesait 13 000 kilogrammes et chacun des taureaux 32 000 kilogrammes environ. C'étaient là des masses bien lourdes, pour les moyens de transport que le pays m'offrait. Nous avions à franchir une distance de 18 kilomètres, à travers le désert, pour aller de Khorsabad au Tigre, ensuite 550 à 600 kilomètres de navigation fluviale à parcourir entre Mossoul et Bassorah, et nous ne possédions ni route praticable, ni chariot, ni engins, ni bateaux assez puissants.

Du moment que nous sortions des conditions habituelles à la contrée, tout, comme il arrive en pareil cas, était à créer. La première fois que je consultai les hommes de métier réputés pour les plus expérimentés à Mossoul, tous commencèrent par s'effrayer à l'idée d'une pareille opération, et ils allèrent même jusqu'à la déclarer impossible. J'avais cependant de la peine à admettre qu'elle fût absolument au-dessus de nos forces. D'ailleurs des bas-reliefs nous montraient les Assyriens transportant et installant, à la place où nous les avions trouvés, ces mêmes taureaux qu'il s'agissait de conduire en France. Je livrai les scènes où ces sujets étaient représentés à l'examen de mes contremaîtres, et je leur fis honte de ne pas oser entreprendre un travail qu'avaient exécuté des hommes qu'ils qualifiaient dédaigneusement d'idolâtres. Le courage leur revint, nous résolûmes de nous mettre à l'œuvre [...].

Une fois les problèmes de transport résolus, les radeaux portant les antiquités s'acheminent vers la France. Mais la catastrophe survient.

Aux environs de Korna, à quelques lieues au-dessous du confluent de l'Euphrate et du Tigre, dans le nouveau fleuve formé par la réunion de leurs eaux et connu sous le nom de Chatt-el-Arab, la barque et les *kéleks* avaient été attaqués par les tribus insurgées. Les peuples d'Orient n'ont jamais pu se donner à eux-mêmes une explication satisfaisante des explorations archéologiques que les Européens viennent entreprendre de si loin, et ils persistent, en dépit de tous nos efforts, à nous attribuer pour mobile le désir de découvrir des trésors cachés. Pendant toute la durée des fouilles et des transports, j'avais eu soin de laisser examiner les opérations par qui le voulait, afin de convaincre les plus incrédules qu'aucun des objets emportés n'était propre à exciter la convoitise. Néanmoins le bruit que notre flotte était richement chargée persista, et des tribus campées sur la rive droite du Chatt-el-Arab contraignirent les conducteurs du convoi à aborder.Soit par le choc même résultant d'un abordage forcé, soit à la

suite des violences qu'exercèrent les pillards, la barque s'entrouvrit et coula à pic. Deux des radeaux amenés également sur le bord n'eurent pas un sort meilleur. Les Arabes, irrités de ne pas y trouver de trésors, les firent sombrer en crevant à coups de lance les outres, dans lesquelles ils savent que les expéditeurs cachent parfois des objets précieux. Quant aux deux autres *kéleks*, leurs conducteurs, utilisant la largeur du fleuve, échappèrent aux poursuites et atteignirent heureusement Bassorah. Celles de mes sculptures que l'on voit aujourd'hui au Louvre sont les seules qui ont été sauvées avec ces deux radeaux.

Ajouterais-je que, voulant profiter du bâtiment qui devait transporter en France le produit de mes découvertes, j'avais encore confié à la barque perdue mes bagages, mon mobilier, ma bibliothèque, et les nombreuses curiosités qu'un agent peut recueillir en quinze années de voyages ? Mais c'est là un accident purement personnel et de médiocre intérêt, devant les conséquences d'un désastre où ont péri des morceaux que rien ne pourra remplacer.

Victor Place,
Ninive et l'Assyrie, 1867

Babylone, la splendeur déchue

Babylone... Peu de noms furent plus célèbres dans l'histoire, la légende et la littérature. Cette métropole gigantesque, qui rayonna sur le Proche-Orient antique, est aujourd'hui un champ de ruines. Les voyageurs, qui au XIXᵉ siècle, sont passés à proximité, font part de leur déception. Après les Allemands au début du siècle, les Irakiens ont repris les fouilles et entrepris une restauration d'une partie de la cité mythique.

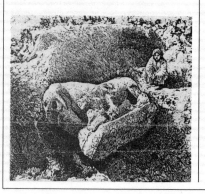

La colline de Babel

Entre Mussejib et les ruines de Babylone, on trouve quantité de canaux à sec et de vieux amas de terre (tells). Près du rivage de l'Euphrate et de canaux qui apportent en plein cœur du pays l'eau du fleuve, on voit plusieurs villages environnés de palmeraies. Après avoir chevauché quelques heures, nous vîmes, au sud, un tell informe. Mais une fois rapprochés, nous y reconnûmes un faîte horizontal avec des côtés tombant verticalement, brusquement dressés au-dessus de la plaine alluviale, ce qui n'a rien de naturel et suppose l'intervention de mains humaines. En fin de compte, nous pûmes distinguer, tout à l'entour, d'importantes masses construites, des restes de remparts et de canaux. Peu à peu, à mesure que notre caravane avançait, les ruines prenaient tournure. C'était la colline de Babel, que les voyageurs connaissent sous le nom de Mudschelibé, oublié des habitants actuels. C'est le premier amas de ruines que l'on rencontre lorsque l'on vient du nord. Le long de l'Euphrate, pareils à une lisière, se dressent de longs alignements de palmiers. A la grande ruine de Babel font suite, pareils à des vagues, de longs vallonnements de terre, de briques et de tessons. La masse unique de murs de briques, qui se dresse par-dessus la colline la plus élevée, c'est ce que les Arabes connaissent sous le nom de Mudschelibé, autrement dit «l'Ecroulé». D'autres énormes tas de décombres recouvrent bien des arpents du territoire. Des hautes rives de canaux le coupent, çà et là, évoquant un relief montagneux. La plupart sont remplis de sable, d'autres amènent encore de l'eau jusqu'aux villages et palmeraies. De toutes parts, le sol, blanc et faisant penser au salpêtre, est semé de morceaux de verre, de marbre, de céramique et de briques inscrites qui proviennent de ce qu'il reste d'habitations, et qui arrêtent ou empêchent la végétation, faisant de l'emplacement de l'antique Babylone un désert nu et effrayant. Des chouettes s'envolent des maigres buissons, et les chacals détestés se terrent dans les trous. «Babylone, le plus beau des royaumes, la gloire et la fierté des Chaldéens, a été renversée par Dieu, comme Sodome et Gomorrhe, de sorte que nul n'y habite plus, personne n'y reste plus [...]. Les chouettes hululent dans ses palais et les dragons dans ses châteaux joyeux» (Isaïe, XIII, 19 et 22).

Henry Austen Layard,
Discoveries in the ruins
of Nineveh and Babylon, 1853

Dans les plaines monotones de la Chaldée

Epouse de l'archéologue Marcel Dieulafoy, le fouilleur de Suse, Jane Dieulafoy découvre lors de ses voyages au Moyen-Orient les ruines de Babylone.

23 décembre 1881. – [...]
Hillah, en tant que ville musulmane, succéda à la vieille cité chaldéenne au commencement du douzième siècle.

A cette époque, les derniers rayons du soleil babylonien éclairaient encore les rives de l'Euphrate : aujourd'hui la rivale de Ninive, la capitale de Nabuchodonosor est tombée au rang d'une sous-préfecture turque [...].

Si l'on examine les environs de la ville, et si l'on suit du regard des murs éboulés qui semblent relier les deux tumulus placés aux extrémités de Babylone, on est amené à penser que Hillah devait occuper à peu près le centre des cinq cent treize kilomètres carrés compris dans l'enceinte aux cent portes d'airain. Il ne faut pas conclure de l'immense espace entouré de défenses à une innombrable quantité de maisons. Quinte-Curce affirme que les constructions groupées sur les rives de l'Euphrate couvraient seulement quatre-vingt-dix stades carrés[1], le reste du terrain, mis en culture, suffisait, en temps de siège ou durant une période de famine, à nourrir les citoyens. Quoique la place réservée aux habitants ne fût pas très considérable, la population devait néanmoins être fort dense, car les maisons, contrairement aux usages des villes d'Orient, où le terrain à bâtir est le plus souvent sans valeur, s'élevaient sur trois ou quatre étages.

24 décembre. –
En considérant [le tumulus] de la plaine, il est aisé de retrouver dans les masses d'abord un peu confuses du Birs les grandes lignes d'un édifice formé d'étages successifs et superposés. [...] Les gradins reliés les uns aux autres par des rampes douces ménagées devant les façades nord-ouest étaient revêtus d'un parement de briques émaillées. [...] Il semble même que [d'après Hérodote] ces gradins étaient consacrés aux dieux protecteurs de la semaine, portaient leurs couleurs caractéristiques et que leur ordre suivait la marche des jours. Au-dessus de la dernière et septième tour se trouvait la tente de Nébo, l'arbitre suprême du ciel et de la terre.

On rechercherait en vain la table et le grand lit richement paré sur lequel le dieu venait se reposer auprès d'une vierge indigène, et cette chapelle où les prêtres brûlaient tous les ans mille talents d'encens et sacrifiaient des victimes parfaites devant la statue sacrée : tout est ruines et décombres, du faîte au pied du Birs Nimroud.

1. Le stade babylonien avait quatre mètres de plus que le stade olympique. Le stade olympique valait cent quatre-vingts mètres.

B irs Nimroud, ou tour de Babel.

J'ai déjà dit que l'identification du Birs avec le temple de Jupiter Bélus d'Hérodote, le temple des Sept Lumières de la tradition babylonienne, ne saurait faire de doute aujourd'hui ; mais un fait bien plus singulier a été révélé par la lecture des cylindres chaldéens découverts par sir Rawlinson dans les angles de l'édifice. Ces documents viennent au secours de la tradition hébraïque, tout en donnant au temple de Bélus une origine relativement moderne.

Nabuchodonosor nous dit lui-même : «Pour l'autre, qui est cet édifice-ci, le temple des Sept Lumières, et auquel remonte le plus ancien souvenir de Borsippa, un roi antique le bâtit [...], mais il n'en éleva pas le faîte. Les hommes l'avaient abandonné depuis les jours du déluge, proférant leurs paroles en désordre. Le tremblement de terre et le tonnerre avaient ébranlé la brique crue, avaient fendu la brique cuite des revêtements ; la brique crue des massifs s'était éboulée en formant des collines. Le grand dieu Mérodach a engagé mon cœur à le rebâtir : je n'en ai pas changé l'emplacement, je n'en ai pas altéré les fondations. Dans le mois du salut, au jour heureux, j'ai percé par des arcades la brique crue des massifs et la brique cuite des revêtements. J'ai ajouté les rampes circulaires ; j'ai écrit la gloire de mon nom sur la frise des arcades.

»J'ai mis la main à construire la tour et à en élever le faîte ; comme jadis elle dut être, ainsi je l'ai refondue et rebâtie ; comme elle dut être dans les temps éloignés, ainsi j'en ai élevé le sommet.»

Ce serait donc en ce lieu que ce serait formée la tradition que les Hébreux apportèrent en Judée, et sous mes pieds se retrouverait la célèbre tour de Babel. A quel ordre de phénomènes historiques ou géologiques se rapportent l'érection de cette immense construction et la légende de la confusion des langues ? Je ne saurais le dire : de mystérieuses obscurités enveloppent encore les premiers âges de l'humanité.

Le temple des Sept Lumières, pour lui donner désormais son vrai nom, ne s'élevait pas au cœur même de Babylone, mais dominait le faubourg de Borsippa. Il ne faudrait pas conclure cependant de l'extrême éloignement des deux centres religieux et royaux représentés l'un par les palais, l'autre par le Birs, que Babylone et Borsippa aient toujours été deux villes distinctes. D'après Hérodote par exemple, l'enceinte extérieure enveloppait Borsippa. On ne me surprendrait pas toutefois en m'apprenant qu'il n'en fut pas toujours ainsi et que, tour à tour distante de la ville ou confondue avec les faubourgs, la cité religieuse fut comprise dans les fortifications ou reléguée hors des murailles élevées par les rois, murailles renversées et reconstruites sur des dimensions plus restreintes ou plus larges selon l'inclémence ou la prospérité des temps.

25 décembre. – Au retour de Borsippa nous sommes venus camper sur le tumulus d'Amran-ibn-Ali [...].

Des collines de briques pulvérisées, des tranchées dont les déblais ont servi à combler d'autres tranchées plus anciennes, font de cette partie de Babylone un dédale au milieu duquel on circule sans trouver de point de repère. Quelques lourds massifs de maçonnerie reliés par des mortiers durs comme du fer, un lion de basalte, d'un travail très barbare, à demi enseveli dans les décombres, signalent seuls la demeure des rois chaldéens, le palais mortuaire d'Alexandre.

Moins de traces encore des jardins suspendus élevés par Nabuchodonosor, prince amoureux et galant, afin de satisfaire un caprice de sa femme Amytis, fille d'Astyage, roi de Médie, et de rappeler à la jeune reine qui ne pouvait s'accoutumer à l'aspect monotone des plaines de la Chaldée les hautes montagnes de sa patrie.

Les jardins suspendus n'eurent pas une longue durée : Quinte-Curce les dépeint comme une merveille de son temps, mais Diodore de Sicile en parle toujours au passé. Après la mort d'Alexandre et la fondation de Séleucie, Babylone fut peu à peu abandonnée, perdit son titre de capitale, et assista dès cette époque à la destruction progressive du chef-d'œuvre des architectes babyloniens. Un arrosage insuffisant amena la mort des arbres, le défaut d'entretien l'éboulement des murs, et le paradis d'Amytis mêla sa poussière aux cendres de son inspiratrice. Au temps des Arsacides la ruine était consommée et les jardins servaient de nécropole, comme le prouve la découverte de nombreux tombeaux parthes exhumés il y a quelques années...

J. Dieulafoy,
La Perse, la Chaldée et la Susiane, 1897

De Nabuchodonosor à Saddam Hussein

Depuis 1978, le service des Antiquités irakiennes a entamé la reconstruction de la Babylone des rois Nabuchodonosor et Nabonide. Le site archéologique le plus visité d'Irak offre au visiteur un décor quasi hollywoodien.

Saddam Hussein s'identifie à Nabuchodonosor, le roi de Babylone, conquérant du Proche-Orient ancien.

D ans la salle du Trône, cette inscription :
«Moi, Saddam Hussein, j'ai reconstruit
Babylone, relevé les murs du palais de
Nabuchodonosor, pour rendre au peuple
irakien son glorieux passé.»

Sur les traces de Layard

Assistant de Campbell Thompson à Ninive entre 1927 et 1932, Max Mallowan dirige les fouilles de Nimrud à partir de 1949. Dans ses souvenirs, il décrit avec sensibilité les paysages de l'Assyrie et rend un hommage généreux au travail des ouvriers irakiens.

Campagne de fouilles à Ninive

La première impression ressentie en découvrant le site de Ninive, l'ancienne capitale de l'Assyrie, n'est nullement décevante. Au printemps, en traversant depuis Mossoul la vallée du Tigre, on aperçoit un véritable rempart de monticules vert tendre et, en approchant, on peut entendre le crissement des moutons arrachant des touffes d'herbe, alors que leurs troupeaux pâturent sur les hauteurs. Maintes fois, j'ai observé les jeunes bergers arabes ou kurdes revêtus de leur manteau à capuchon, courant derrière leurs bêtes comme des lutins d'un autre âge, et poussant ces cris étranges que l'on devait sans doute déjà entendre dans les premiers hameaux de cette région rocailleuse, autour de Ninive, voici six ou sept mille ans.

Avec le temps, j'en suis venu à bien connaître chacun de ces tertres où, en 1931, j'avais effectué des fouilles en compagnie du Pr R. Campbell Thompson. Nous avions ouvert une large tranchée, profonde d'une trentaine de mètres, jusqu'au soubassement rocheux et c'est ainsi que nous avions découvert que la Ninive assyrienne, puissant entassement d'une succession de cités aux maisons de briques, édifiées les unes sur les autres entre 1800 et 612 avant notre ère, avait été, quant à elle, bâtie au-dessus de sites préhistoriques beaucoup plus anciens. Les Assyriens, comme tout peuple guerrier, recherchaient d'abord un emplacement dominant et c'est ainsi qu'ils s'installaient presque toujours dans les ruines de quelque construction plus ancienne. C'est là, sur la colline appelée Quyunjik – ce qui signifie «agneau» en turc –, qu'ils avaient signé une page de leur histoire, mais la sagesse, née sans doute de quelque discussion, les avait

Mallowan fut l'assistant de Woolley à Ur.

incités à établir d'autres établissements ailleurs, à Assur, à Nimroud et à Khorsabad. Après avoir élevé des temples en l'honneur de leurs dieux à Assur, ils entreprirent d'édifier Ninive. Cette métropole s'étendait sur près de 700 hectares et elle devait être ceinturée d'une muraille longue de 18 kilomètres, qui n'était toujours pas terminée lorsque la ville fut pillée en 612 av. J.-C.

Alors que j'écris ces lignes, trente ans après avoir planté notre chantier au point le plus haut de Ninive et avoir fouillé ses vestiges, un sentiment de joie profonde me revient, comme si ces travaux dataient d'hier. Comment pourrait-il, d'ailleurs, en être autrement lorsque l'on contemple d'un côté le Tigre et de l'autre les hauteurs enneigées du djebel Makloub ? Dans la brise légère du matin qui faisait frémir l'herbe des pâturages, on entendait le «han» des terrassiers à chaque coup de pioche, alors qu'ils dégageaient l'épaisse végétation recouvrant les vestiges de cette célèbre cité. Notre main-d'œuvre se composait de vigoureux paysans de la région, et je me souviens encore de mes appréhensions lorsque, pour la première fois, Thompson, après avoir accompli ce qu'il appelait son «quart» du matin, me laissa la responsabilité des fouilles pour l'après-midi. Les quelque cent cinquante hommes travaillant sur le chantier étaient tout prêts à jauger le nouveau venu que j'étais, et ils n'attendirent pas longtemps l'occasion. Un coup de pioche avait soudain mis au jour la majeure partie d'un prisme royal assyrien, finement gravé d'inscriptions, qui avait appartenu au fils de Sennachérib, le roi Assarhaddon (Assur-akhi-iddin, 681-669 av. J.-C.). Le moment n'était pas venu de l'examiner en détail car deux hommes en revendiquaient la découverte et leur bagarre tourna rapidement à une *mêlée* *générale* [*en français dans le texte*]. Je me taillai, non sans quelque difficulté, un chemin au milieu de cette bousculade sauvage et quelques travailleurs, parmi les plus âgés, finirent par séparer les deux principaux antagonistes. Quand nous eûmes récupéré le trophée, les deux combattants furent immédiatement renvoyés et l'ordre revint petit à petit après quelques harangues patelines bien senties, propres à ramener le calme. Cet incident nous rapprocha et, à partir de ce moment, nous fûmes tous bons amis. [...]

Je garde de cette campagne de fouilles à Ninive un souvenir enchanteur. Six années d'apprentissage du métier sous la férule de sir Leonard Woolley, dans le désert à Our, avaient été, il est vrai, une expérience enthousiasmante, mais la Babylonie est une région toute plate, desséchée, souvent balayée par des vents de sable, alors que les vertes collines du Nord me paraissaient, par contraste, un vrai paradis. Nous vivions dans une petite maison de torchis à 1 600 mètres du tertre et à un jet de pierre de la mosquée de Djonah qui avait été, dans les temps anciens, un arsenal assyrien. Dans la cour de notre maison poussaient des cognassiers et le jardin tout proche de notre voisin s'ouvrait sur un massif de rosiers. On travaillait dur et, si la pluie menaçait, on se levait dans l'obscurité, deux heures avant l'aube, pour monter sur le toit, scruter le ciel et tenter de prévoir le temps. Si nous décidions de prendre le risque de mettre nos hommes au travail, nous adressions un signal lumineux, en agitant par trois fois un fanal en direction du point le plus élevé du site de Ninive afin d'attirer l'attention du veilleur dont le signal de réponse «aperçu» – du moins le suspections-nous – était vraisemblablement dû à la vigilance de sa femme plus qu'à la sienne. De là, notre appel était relayé vers le nord, jusqu'au village de Gadhia, à 4 kilomètres, d'où venaient la plupart de nos manœuvres. Il arrivait, bien sûr, que nos prévisions soient fausses, mais pas beaucoup plus souvent que celles de nos stations météorologiques actuelles. Nous utilisions là une méthode qui était déjà familière aux rois d'Assyrie en 1880 av. J.-C., ainsi que nous en eûmes la confirmation en déchiffrant les lettres royales découvertes à Mari sur les rives de l'Euphrate.

Pendant les premiers mois de l'année, il pouvait faire très froid et, en prévision de ces frimas, Thompson partait à cheval à la rencontre des caravanes kurdes qui descendaient des collines vendre à Mossoul du bois de chauffage. Il discutait pendant des kilomètres avec les caravaniers pour les amener à baisser leurs prix et ce marchandage serré durait jusqu'à ce qu'ils parviennent au pont flottant sur le Tigre, à l'entrée de la ville. Là, les marchands devaient payer un péage et diverses taxes, si bien que les deux parties finissaient par s'arranger juste avant de franchir le fleuve. Mais, cette année-là, les prix étaient fort élevés et Thompson ne put obtenir un rabais raisonnable. Le froid se faisant plus vif, notre situation devenait désespérée quand, un beau jour, alors qu'il était en haut du tertre et moi dans la tranchée, Mrs Thompson et ma femme aperçurent une autre caravane. Sur leur ordre, je me mis en selle pour aller à sa rencontre et j'achetai la cargaison à un prix que mon chef aurait jugé parfaitement inacceptable. A la suite de cette malheureuse opération, je m'attendais à une rude réprimande, dont même les encouragements de nos épouses n'auraient pas atténué la sévérité. Thompson accueillit pourtant la nouvelle de cette négociation avec une grimace bienveillante : la jeune génération s'était fait piéger alors que cela ne lui serait pas arrivé. Alors, tout allait bien et son honneur était sauf ! [...]

Les ouvriers de Nimroud

Il est difficile de dire quelle fut l'impression la plus forte que Nimroud produisit sur moi. J'hésite entre la vision, en hiver, d'une île relativement élevée, plantée au milieu d'une mer de boue ; au printemps, ce serait plutôt le spectacle d'une vaste prairie brillant sous le soleil ; au début de l'été, on la voit comme une tour de guet torride, orgueilleuse, lointaine, perdue dans sa pitoyable solitude. A travers les champs, à 3 kilomètres à l'ouest, le Tigre dévale en flots rapides. Du haut des murailles de la ville, on aperçoit le fleuve qui roule ses eaux tumultueuses entre les berges abruptes, crevassées et desséchées sous un soleil ardent, barré à l'ouest par des falaises de gypse, de terre et de grès. En aval, son lit est semé d'îles couvertes d'une brousse épineuse où se cachent les sangliers. Vers l'est, à moins d'une trentaine de kilomètres, s'élèvent les premières collines du Kurdistan s'adossant aux hautes chaînes des montagnes d'Iran dont les plus hauts sommets sont encapuchonnés de neiges éternelles. De part et d'autre du fleuve et jusqu'au pied des collines à l'est, ondulent jachères et pâturages d'Assyrie, émaillés de villages ou de hameaux perchés au sommet des tertres sous lesquels se sont entassées au cours des siècles les ruines des cités antiques.

Parfois me revient l'image des guêpes au thorax doré voletant au crépuscule devant l'entrée de leurs nids dissimulés dans les anfractuosités des vieilles murailles ; parfois, je revois ce couple de canards sauvages qui avait élu domicile au pied du palais sud-ouest. Mais nul endroit ne bruissait plus de vie que le sommet du monticule sous lequel nous avions découvert la citadelle sud, quand notre veilleur de nuit, peu après l'aurore, se levait pour faire le compte des villages de la vallée d'où nos manœuvres étaient arrivés pour s'attaquer aux travaux de fouille. Ils venaient de Naefa, de Nimroud, de Nahmaniyeh, de Suf-et-tuth – le «Talus des mûres» –, ou de la demi-douzaine de bourgades qu'on apercevait, se détachant sur l'horizon, jusqu'à Kashaf, au confluent du Tigre et du Zâb, à plus de 10 kilomètres. L'œil pouvait encore discerner la ligne du vieux canal qui, autrefois, arrosait la plaine entre le Tigre et le Zâb, ce «Canal d'abondance» qu'Assur-nasir-napal avait conçu en 883 av. J.-C., au début de son règne, pour irriguer les terres de ses métayers.

Faisant tinter contre les rochers du tertre leurs petites bouilloires noircies par la fumée, jour après jour, montait la petite armée de nos deux cents manœuvres. Ceux qui vivaient à Abbas Rejeib ou à Nejefia empruntaient la vieille route pavée du roi Salmanassar, certains juchés sur une mule, heureux de disposer d'une bête de somme pour escalader la rude montée conduisant à la citadelle. Au début de chaque semaine, des villageois, qui avaient péniblement cheminé pendant des kilomètres, se rassemblaient dans l'espoir de trouver un travail, sinon tout de suite, du moins plus tard si une défection survenait. La moitié de mes hommes était des permanents ;

les autres travaillaient à leur guise, désertant le chantier quand ils estimaient avoir gagné assez d'argent pour s'offrir au marché de Mossoul quelque supplément de thé, de sucre ou même un vêtement. Le noyau de notre troupe était constitué d'un groupe bien soudé de seize à vingt hommes originaires des villages du Sherqat, de l'autre côté d'Assur. Certains d'entre eux formaient la troisième génération de terrassiers des fouilles et le plus vieux se souvenait même de Walter Andrae dont il avait été le domestique peu après 1900. Le meilleur de ce travail délicat était vraiment excellent ; chaque homme était, dans son genre, un véritable artiste et poussait à l'extrême sa conscience professionnelle. L'un était plus doué pour dépoussiérer délicatement une peinture murale, l'autre pour assembler

L'aile nord du palais de Nimrud, avec, à l'arrière-plan, la ziqqurrat, d'une hauteur de 43 m environ. Fondée par Assurnasirpal, elle était dédiée à Ninurta, le dieu de la cité.

le puzzle d'un squelette, le troisième pour nettoyer les objets d'ivoire, un autre encore pour faire ressortir les gravures des tablettes d'argile. Certains avaient un flair extraordinaire pour suivre une trace, d'autres possédaient

des yeux qui paraissaient attirer les trouvailles. Seuls des experts étaient capables d'extraire de leur gangue de terre les débris des murs de brique dont étaient habituellement bâties les plus anciennes constructions d'Asie occidentale. C'est à ces qualités, développées au plus haut point par de nombreuses années d'entraînement intensif, que l'on doit d'avoir retrouvé une grande partie des plans des édifices assyriens, car les pierres sculptées qui délimitaient les murs des palais avaient été enlevées depuis fort longtemps. Pour ces hommes, la tâche ne s'arrêtait pas au coucher du soleil. Je les ai entendus discuter d'un problème fort avant dans la nuit. Je les ai souvent vus critiquer la progression de l'ouvrage de l'un ou de l'autre ; pendant leurs congés, ils venaient examiner le terrain, supputant ce qui allait survenir. Il est juste qu'avant de raconter l'histoire de Nimroud, nous leur rendions hommage. Ils ont commis des erreurs, ils se sont chamaillés, jalousés, ils étaient pointilleux sur le chapitre de l'honneur, comme le sont tous les artistes. Mais ils étaient enthousiastes, tenaces ; ils aimaient creuser et fouiller, ils étaient joyeux. Nous nous souvenons d'eux avec affection et une profonde gratitude.

Max Mallowan,
Nimrud and Its Remains, 1966
trad. fr., Pierre Reyss

Une discipline rebutante?

Pour le profane, l'assyriologie cumule tous les mystères de la science : une écriture des plus déroutante, des ruines informes qui n'excitent guère l'imagination, une civilisation méconnue dont on a le plus grand mal à imaginer la splendeur passée. Malgré tout, la fascination pour la Mésopotamie antique existe bel et bien.

Des signes diaboliques

Voici comment un profane peut réagir, avec une certaine stupeur et incrédulité devant les mystères de l'écriture cunéiforme – incompréhensible, si l'on n'en fait pas l'histoire, même à grands traits.

N'étudiez pas l'assyrien, jeunes gens ! Ce n'est pas un langue, c'est une blague ! Jetez seulement un coup d'œil sur ce tout petit signe ⌐⌐. On dirait un doigt, pour désigner un passage dangereux, ou les toilettes publiques, ou l'endroit *voi ch'entrate* ! Or, il s'articule d'abord : *as*, ou *dil*, ou *til*, ou *dili*, ou encore *ina*, *ru*, *rum*, *salugub*, *simed* et *tal* ! Vous croyez ça ! Mais il a bien d'autres significations ! Voyez plutôt : *aplu* qui veut dire «fils» ; *Assur*, *êdu* qui signifie «unique» ; *nadânu* : «donner». Vous croyez vraiment ça ? Prenez encore celui-ci : ⟨⟨⟨, qui peut s'épeler *dab*, ou *di*, ou *ti*, ou *du*, ou *dub*, ou encore *dugn*, ou *ha*, *hi*, *sar* et *sur* !... et qui signifie «quatre» ou «se tenir auprès» ; ou *Assur* (tout signifie «Assur» !) ; ou *tâbu* : «être bon», et *tubbu* : «bon» ; ou encore *kuzbu* : «luxuriance»... Est-ce possible ? Et des jeunes gens avalent ça tout cru ! Aucun doute n'est possible, aucune contradiction, puisque le Professeur l'a dit ! Alors que si un prédicateur enseigne que Dieu a créé la Terre dans la beauté et la perfection, mais que c'est l'homme qui, par sa méchanceté, en a fait quelque chose de mauvais et de stupide, l'auditeur se met à douter ! C'est trop simple, c'est trop beau pour entrer dans un esprit tordu ! Malheur à vous, scribes et pharisiens !...

A. Strindberg,
Le Livre bleu

«D'affreux murs de boue»

Epouse de Max Mallowan, Agatha Christie avait, de longues années, vécu avec lui de nombreuses campagnes de fouilles en Irak, notamment à Nimrud dans les années cinquante. Même romancé à sa manière – elle disait avoir toujours préféré la fiction – son récit fournit un témoignage plein d'intérêt sur le mode de vie et d'occupation de ces étranges archéologues.

Je préfère vous le dire tout net : ne vous attendez pas à la moindre touche de couleur locale dans mon récit. Je ne connais en outre rien à l'archéologie et ne m'en porte pas plus mal. Aller farfouiller dans des ruines et remuer les ossements de gens morts et enterrés depuis belle lurette, ça me dépasse. Mr Carey passe son temps à me dire que je n'ai pas la fibre archéologique et je le crois sans peine.

Dès le lendemain de mon arrivée, il me demanda si je n'avais pas envie de visiter le palais dont il... *levait les plans* – je crois qu'il appelle ça comme ça. Quoique je me demande bien comment on peut songer à établir des plans pour quelque chose qui a disparu depuis la nuit des temps ! Enfin ! Je lui répondis que j'en serais ravie, et, honnêtement, l'idée m'emballait assez. Près de trois mille ans, il avait, ce palais, à ce qu'il paraît. Je me demandais quelle sorte de palais il pouvaient bien avoir à cette époque-là et si ça ressemblerait aux photos que j'avais vues du mobilier de la tombe de Toutankhamon. Mais, croyez-moi ou pas, il n'y avait rien à voir que de la *boue* ! D'affreux murs de boue agglomérée de cinquante centimètres de haut, un point c'est tout. Mr Carey me balada au milieu de tout ça en m'assommant d'explications : ça, c'était

la cour d'honneur ; là, il y avait des salles de je ne sais quoi et un étage supérieur, et encore des pièces donnant sur la cour d'honneur. Et tout ce que je me disais, c'était : «Mais comment est-ce qu'il peut le savoir ?» Mais je suis trop bien élevée pour lui avoir posé la question. En tout cas, pour une déception, ç'a été une déception ! Le chantier de fouilles tout entier ne m'avait l'air de rien d'autre qu'un immense bourbier – pas de marbre, pas d'or, rien de beau... Question ruines, la maison de ma tante à Cricklewood aurait fait plus d'effet ! Et dire que ces Assyriens, ou je ne sais trop quoi, se baptisaient *rois*. Lorsque Mr Carey m'eut montré ses «palais», il me confia au père Lavigny, qui me fit visiter le reste du tumulus. J'en avais une peur, du père Lavigny ! C'était un moine, et puis un étranger, et il avait une voix si caverneuse et tout, mais il se montra très gentil – quoique un peu vague. J'eus plus d'une fois l'impression que tout ça n'avait pas plus de réalité pour lui que pour moi

Agatha Christie,
Meurtre en Mésopotamie, 1935,
Press Pocket, 1992

Les collections assyriennes du Louvre

En novembre 1993, le grand Louvre ouvrira ses portes. Les œuvres provenant du palais de Sargon II à Khorsabad, ainsi que les reliefs de Nimrud et Ninive seront présentés de manière à suggérer la monumentalité d'un palais assyrien.

La présentation des salles assyriennes en 1934.

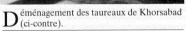
Déménagement des taureaux de Khorsabad (ci-contre).

BIBLIOGRAPHIE

Ouvrages généraux

BOTTERO, J., *Mésopotamie : l'écriture, la raison et les dieux,* Paris, Gallimard, 1987.

Naissance de l'écriture, cunéiformes et hiéroglyphes, Catalogue de l'exposition au Grand Palais, 7 mai-9 août 1982, Paris, 1982.

OPPENHEIM, A. L., *Ancient Mesopotamia,* Chicago, 1968. (Traduction française : *La Mésopotamie,* Paris, 1970).

PERROT, G. et CHIPIEZ, C., *Histoire de l'art dans l'Antiquité.* II, *Chaldée et Assyrie,* Paris, Hachette, 1884.

ROAF, M., *Atlas de la Mésopotamie et du Proche-Orient ancien*, 1991.

ROUX, G., *La Mésopotamie* (préface de J. Bottéro), Seuil, Paris, 1985.

Récits de fouilles

BOTTA, P. E., *Monument de Ninive,* Paris, 1849-1850.

LAYARD, A. H., *Nineveh and its Remains,* 2 vol., Londres, 1849.

– *The Monuments of Nineveh*, 5 vol., Londres, 1849.

MALLOWAN, M. E. L., *Nimrud and its Remains*, 3 vol., Aberdeen, 1966.

PARROT, A., *Mari,* Neuchâtel et Paris, Ides et Calendes, 1953.

PLACE, V., *Ninive et l'Assyrie,* 3 vol., Paris, 1867.

SARZEC, E. de et HEUZEY, L., *Découvertes en Chaldée,* Paris, Leroux, 1884-1912.

WOOLLEY, C. L., *Les Sumériens*, Paris, Payot, 1930.

Histoire de l'assyriologie

FOSSEY, Ch., *Manuel d'assyriologie,* Paris, I, 1904.

GARELLI, P., *L'Assyriologie,* P.U.F., Paris, 1990.

LLOYD, S., *Foundations in the Dust,* Oxford University Press, 1947.

PARROT, A., *Archéologie mésopotamienne.* I, *Les Etapes*, Paris, Albin Michel, 1946. (Chapitre III, «Le déchiffrement des écritures cunéiformes», pp.109-125).

– *Sumer,* coll. L'Univers des Formes, Paris, Gallimard, 1960.

– *Assur,* coll. L'Univers des Formes, Paris, Gallimard, 1961.

WALLIS BUDGE, E. A., *The Rise and Progress of Assyriology*, Londres, 1925.

TABLE DES ILLUSTRATIONS

COUVERTURE

1er plat Victor Place et Tranchand appuyés sur le taureau de la porte ornée de Khorsabad, photographie, 1852.

Dos frontispice de *The Monuments of Nineveh*, A.H. Layard, 1849, détail.

4e plat Reconstitution de l'intérieur de la salle du trône du palais d'Assurnasirpal, lithographie *in* Henry Austen Layard, *The Monuments of Nineveh*, 1849.

OUVERTURE

1 Lot de tablettes venant d'être découvertes, photographie.

2/3 (fond) Tablette administrative du début du IIe millénaire provenant de Mari. Mission archéologique de Mari, Strasbourg.

2/3 Fouille de la partie nord du palais de Mari, photographie, 1935.

4/5 (fond) Tablette administrative, fin IIIe millénaire. Musée du Louvre, Paris.

4/5 Les fouilles américaines de Khorsabad, porte A de la citadelle, photographie *in* Loud et Altman, *Khorsabad,* t. II, 1938.

6/7 (fond) Syllabaire babylonien, 442 av. J.-C. British Museum, Londres.

6/7 Les fouilles de Eridu, photographie *in* Fuad Safar et Seton Lloyd, *Eridu*, 1982.

8/9 (fond) Tablette économique sumérienne, provenant de Tellô. Musée du Louvre, Paris.

8/9 Leonard Wooley dégageant une statuette à Ur, saison 1930-1931, photographie.

11 Taureau ailé de Khorsabad, gravure *in* Paul-Emile Botta, *Monument de Ninive*, 1849-1850.

CHAPITRE I

12 L'Irak avec le Tigre et l'Euphrate, manuscrit arabe de géographie de Al-Istalhry, IVe siècle de l'hégire. Bibl. nat., Le Caire.

13 *La Tour de Babel*, peinture de Lucas van Valkenborgh, 1594. Musée du Louvre, Paris.

14 Les ruines de la tour de Babel vues par Pietro della Valle, gravure *in* Athanase Kircher, *Turris Babel*, 1679.

15 Vue de Babylone, gravure coloriée *in* George Braun, *Theatrum Urbium*, 1572. Bibl. nat., Paris.

16g Cinq caractères cunéiformes copiés par Pietro della Valle, gravure.

16d Carsten Niebuhr en costume oriental, gravure *in* Carsten Niebuhr, *Voyage en Arabie*, 1774.

17 Le «caillou Michaux». Cabinet des Médailles, Bibl. nat., Paris.

18 Les tombeaux rupestres de Naqsh-é Roustam, photographie.

19 Les inscriptions du mont Elvend, photographie.

19b Deux personnages relevant les inscriptions du mont Elvend, gravure *in* Flandin et Coste, *Voyage en Perse*, 1841

20 Portrait de Georg Friedrich Grotefend, gravure.

21h Bas-relief de Persépolis et écritures cunéiformes, gravure *in* C. Niebuhr, *op. cit.*, 1774.

21m Relevé d'une inscription de Xerxès en vieux-perse.

21b Vase avec inscriptions en cunéiformes, gravure *in* Caylus, *Recueil d'antiquités égyptiennes, étrusques, grecques et gauloises,*

t. V, 1762.

22h Version déchiffrée et corrigée par Grotefend de l'inscription figurant sur la robe de Darius (Persépolis), *in* Georg Friedrich Grotefend, *Neue Beiträge zur persepolitanischen Keilschrift*, 1841.

22b Inscription sur pierre provenant de Persépolis rapportée par de Bruin et offerte à Silvestre de Sacy. Cabinet des Médailles, Bibl. nat., Paris.

23h Page de titre du *Zend-Avesta, Ouvrage de Zoroastre*, de Abraham Hyacinthe Anquetil-Duperron, 1780.

24 L'inscription de Behistun, photographie.

25h Le site de Behistun, gravure *in* Flandin et Coste, *op. cit.*, 1841.

25b Portrait de Henry Creswicke Rawlinson en 1850, lithographie British Museum, Londres.

26/27 *La Montagne de Behistun*, aquarelle de Ker Porter, 1818. British Library, Londres.

30/31 *Birs Nimrud*, aquarelle de Ker Porter, 1818. *Ibidem*.

28/29 *Les Tombeaux rupestres de Naqsh-é Roustam*, aquarelle de Ker Porter, 1818. *Ibidem*.

32 Portrait de Jacques de Morgan, photographie.

33 Portrait du père Vincent Scheil, photographie.

34 Statue d'un prince d'Eshnunna, photographie *in Mémoires de la délégation en Perse*, t. VI : «Textes élamites et sémitiques», 1905.

35 Plaque en argent de Darius Ier provenant de Hamadan, inscription trilingue. Musée archéologique, Téhéran.

CHAPITRE II

36 Inscription cunéiforme sur pierre provenant de Nimrud, photographie.

37 Stèle inscrite de caractères cunéiformes, gravure *in* Cornelius de Bruin, *Voyages de Corneille le Brun par la Moscovie, en Perse et aux Indes orientales*, 1718.

38 L'obélisque de Salmanassar III découvert par Layard, détail. British Museum, Londres.

39 L'obélisque de Salmanassar III, une des faces. *Ibidem*.

40 Prisme d'argile découvert à Khorsabad, texte de Sargon II. Musée de Bagdad, Irak.

41h Tablette de fondation en or provenant de Khorsabad, époque néo-assyrienne, règne de Sargon II (721-705). Musée du Louvre, Paris.

41b Taureau ailé provenant de la paroi sud de la cour intérieure du palais nord-ouest de Nimrud. British Museum, Londres.

42b «Cylindre Bellino». British Museum, Londres.

42-43h Tableau reproduisant une épigraphe du roi Nabuchodonosor II *in* Georg Friedrich Grotefend, *Neue Beiträge zur Erläuterung der babylonischen Keilschrift*, 1840.

43b Page de titre du même ouvrage.

44 Prisme d'argile avec l'inscription de Teglatphalassar Ier. British Museum, Londres.

45 Lecture d'une tablette, photographie *in* Loud et Altman, *op. cit.*, 1938.

46 Tablette du Déluge, Ninive, VIIe siècle. British Museum, Londres.

47h Portrait de George Smith, photographie.

47b Tablette comportant des fragments de l'épopée de Gilgamesh, bibliothèque d'Assurbanipal. British Museum, Londres.

48/49h et 49b Evolution de quelques caractères cunéiformes, tableau *in Atlas of Mesopotamia*, 1962.

48/49m Inscription archaïque, fin IVe millénaire. British Museum, Londres.

50/51 Détails de pictogrammes sur une tablette (AO 8866). Musée du Louvre, Paris.

51m Evolution de quelques caractères cunéiformes, tableau *in Atlas of Mesopotamia*,

1962.
52/53h Pages de titres de différentes publications de Joseph Halévy : *La prétendue langue d'Accad est-elle touranienne?* 1875; *Le Sumérisme et l'histoire babylonienne*, 1901; *La Nouvelle Evolution de l'accadisme*, 1876.
53m Page de titre de *Eléments de la grammaire assyrienne*, Jules Oppert, 1860.
53b Buste en bronze de Jules Oppert, réalisé par Zeitlin en 1900. Collège de France.
54 Syllabaire. Musée du Louvre, Paris.
55g Tablette économique provenant de Tellô (compte des ânes de charrue à atteler), vers 2360. Musée du Louvre, Paris.
55d Cylindre de Gudéa provenant de Tellô, vers 2150. Musée du Louvre, Paris.
56/57 Briques des piliers, photographie in E. de Sarzec, *op. cit.*, 1884-1912.
57b Cônes d'Entemena, photographie. *Ibidem.*
57h Portrait de François Thureau-Dangin, photographie.
58h Tablettes *in situ* au tell el-Deir, 1975, photographie.
59h Nettoyage d'une tablette avec de l'air comprimé sur le chantier de Nippur, photographie.
59b Moulage d'une tablette, photographie.

CHAPITRE III

60 Bas-relief du palais de Sargon à Khorsabad, gravure coloriée in P.-E. Botta, *op. cit.*, 1849-1850.
61 Reconstitution du palais de Nimrud, frontispice in H. A. Layard, *The Monuments of Nineveh*, 1849.
62/63 Fleuve du Diyâlâ, gravure de Félix Thomas in Jules Oppert, *Expédition scientifique en Mésopotamie*, 1855.
63 Vue générale de Nippur, photographie.
64/65 Chaldéens travaillant aux fouilles de Khorsabad, gravure de A. L. Sargent d'après E. Flandin, vers 1850.
64h *Portrait de Paul-Emile Botta*, peinture de Champmartin, 1840. Musée du Louvre, Paris.
65 Etat de la façade nord-est du palais de Khorsabad, gravure *in* P.-E. Botta, *op. cit.*, 1849-1850.
66/67 Palais de Sargon à Khorsabad d'après une reconstitution de Félix Thomas, gravure *in* G. Perrot et C. Chipiez, *Histoire de l'art*, t. II : «Chaldée et Assyrie», 1884.
67h Reconstitution de la façade nord-est du palais de Khorsabad, gravure *in* P.-E. Botta, *op. cit.*, 1849-1850.
67b Homme tenant un lion dit Gilgamesh, bas-relief du palais de Sargon à Khorsabad. Musée

du Louvre, Paris.
68/69 Scène de chasse, bas-relief de Nimrud. British Museum, Londres.
69h *Statue de divinité à Nimrud*, aquarelle de Solomon Malan *in* H. A. Layard, *Original Drawings*, vol. I, vers 1900, British Museum, Londres.
69b *Henry Layard en costume perse*, aquarelle, 1843. British Museum, Londres.
70/71 *Bas-reliefs de Nimrud*, aquarelle originale de Salomon Malan, 1850. British Library, Londres.
72/73 Palais nord-ouest de Nimrud, aquarelle originale de Cooper *in* H. A. Layard, *Original Drawings*, vol. II, vers 1900, British Museum, Londres.
73h Déesse vue de dos, dessin in H. A. Layard, *Original Drawings*, vol. I, vers 1900. *Ibidem.*
74/75 *Entrée de Ninurta à Nimrud*, aquarelle originale de Solomon Malan, 1850. British Library, Londres.
75 Excavations à Ninive, dessin in H. A. Layard, *Original Drawings*, vol. IV, vers 1900, British Museum, Londres.
76hg Enlèvement des taureaux ailés du palais d'Assurbanipal, lithographie in H. A. Layard, *Nineveh and its Remains*, 1849.
76hd Transport d'un grand taureau ailé de Nimrud sous la

conduite de Layard, lithographie. *Ibidem.*
76b Mise en place du taureau ailé de Ninive dans la nouvelle salle du British Museum, gravure in Joseph Bonomi, *Nineveh and its Palaces*, 1852.
77h *Transport d'un taureau ailé sur le Tigre*, aquarelle de Cooper, Searight Collection, Victoria and Albert Museum, Londres.
77b La galerie assyrienne du British Museum en 1858, photographie de Roger Fenton. British Museum, Londres.
78h Portrait de Victor Place en 1852, photographie de Tranchand.
78b Fouilles de Victor Place à Khorsabad, photographie de Tranchand.
79h Essai de reconstitution de la façade sud-est du palais de Khorsabad par Félix Thomas *in* Victor Place, *Ninive et l'Assyrie*, t. III, 1867.
79b Essai de reconstitution du portail Z de Khorsabad (le harem) par Félix Thomas. *Ibidem.*

CHAPITRE IV

80 Vue aérienne de Warka, photographie.
81 Sceau du dieu Adad trouvé à Babylone, lapis-lazuli, IXe siècle. Vorderasiatische Museum, Berlin.
82h Tête de Gudéa en diorite provenant des fouilles de Tellô.

Musée du Louvre, Paris.

82b Ernest de Sarzec et son escorte, photographie *in* E. de Sarzec, *op. cit.*, 1884-1912.

83h Petit Gudéa assis en diorite, art néo-sumérien vers 2150. Musée du Louvre, Paris.

83b Gudéa au vase jaillissant, statue en diorite. Musée du Louvre, Paris.

84 Vase d'Entemena trouvé à Tellô, argent et bronze, art néo-sumérien. Musée du Louvre, Paris.

85 Face de la stèle des Vautours, photographie *in* E. de Sarzec, *op. cit.*, 1884-1912.

86 Vase trouvé à Nippur lors des fouilles de 1890, photographie.

87h Relevé d'une inscription dédicatoire gravée sur le pourtour d'une crapaudine en diorite retrouvée sur le site de Nippur.

87b Hermann Hilprecht en train d'étudier vers 1909, photographie.

88/89b Vue de la ziqqurrat et des fouilles de la zone du temple, photographie, vers 1890.

89h Vuc des fouilles de Nippur depuis le sommet de la ziqqurrat, photographie, vers 1890.

90h Mesure d'une céramique, chantier de Nippur, photographie, vers 1970.

90b Tri de tessons de poteries, *idem*.

91 Stratigraphie sur le site de Nippur, photographie.

92/93 Le temple de Marduk avec la tour de Babel, au temps de Nabuchodonosor II, maquette en bois et en gypse de Walter Andrae. Vorderasiatische Museum, Berlin.

93b Portrait de Robert Koldewey, dessin, vers 1890.

94/95h Les fouilles de Koldewey à Babylone : début du dégagement de la porte d'Ishtar, photographie, 1902, *in Wissenschaftliche Veröffentlichung der Deutschen Orient-Gesselschaft* [WVDOG] 32, Ishtar-Tor, Koldewey, 1918.

94/95b Ruines du quartier central de Babylone, photographie, 1905. *Ibidem.*

96/97 Vue de la porte d'Ishtar dégagée, photographie. *Ibidem.*

98/99 Maquette de la voie processionnelle et de la porte d'Ishtar de Babylone au VIe siècle. Vorderasiatische Museum, Berlin.

99h Brique émaillée de la porte d'Ishtar représentant le dragon de Marduk. *Ibidem.*

99b Brique émaillée de la porte d'Ishtar représentant le taureau de Adad. *Ibidem.*

100g *Portrait de Walter Andrae*, peinture de J. Walter-Kurau, 1915. *Ibidem.*

100d Orthostate en céramique vernissée trouvée à Assur,

VIIIe siècle. *Ibidem.*

101 Carreau émaillé trouvé à Assur, lithographie *in* Walter Andrae, *Assur farbige Keramik*, 1923.

102/103 *Cour d'un temple assyrien*, aquarelle de Walter Andrae pour l'opéra *Sardanapale*, 1907.

104/105 Les fouilles de Jordan en 1928 à Warka, photographie *in* WVDOG 51, Uruk/Warka, Julius Jordan, 1930.

105g Tablette de comptabilité trouvée à Warka datant de 3200 environ.

105b *Idem.*

106 Les ruines du temple C à Uruk, photographie.

107 Carte des principaux chantiers de fouilles ouverts depuis le mileu du XIXe siècle en Mésopotamie.

108 Bélier en or et lapis-lazuli provenant du cimetière royal d'Ur, vers 2600. British Museum, Londres.

109h Tête de taureau ornant une des quatre lyres retrouvées dans le cimetière royal, or, cornaline et lapis-lazuli. *Ibidem.*

109b Le bélier tel qu'il a été trouvé à Ur pendant la saison 1928-1929, photographie.

110 Reconstitution d'une cérémonie funèbre à Ur, assortie d'un plan d'une des tombes royales, gravure *in* Leonard Wooley, *Ur Excavations*, t. II : «The Royal Cemetery», 1934.

111 Face de la Paix de étendard d'Ur, lapis-lazuli, coquille et calcaire, cimetière royal d'Ur, vers 2600. British Museum, Londres.

CHAPITRE V

112 Les fouilles de Eridu, photographie *in* Fuad Safar et Seton Lloyd, *Eridu*, 1982.

113 Statue de l'intendant Ebih-il provenant de Mari, IIIe millénaire. Musée du Louvre, Paris.

114 Stèle de Narâm-Sîn trouvée à Suse, 2230, détail. Musée du Louvre, Paris.

115h Vase avec incisions provenant de Hassuna, Ve millénaire. Musée de Bagdad.

115b Outils de pierre du paléolithique supérieur provenant de la grotte de Shanidar, photographie.

116g Portion d'un grand vase à décor imprimé de Nuzi, photographie *in* Richard Starr, *Nuzi*, vol. II, 1937.

116d Motifs géométriques fréquents sur la céramique peinte dite de tell Halaf. *Ibidem.*

117h Relevé d'un fragment de peinture murale trouvé à Nuzi. *Ibidem.*

117b Fosse comportant plusieurs sarcophages retrouvée à Nuzi, photographie. *Ibidem.*

118 Ornement provenant de Nimrud avec un sphinx ailé, ivoire, période néo-

assyrienne. Musée de Bagdad.
118/119h Relevé d'un plat polychrome trouvé à Arpatchiya, frontispice de *Excavations at Tell Arpatchiya*, Max Mallowan, 1933.
119b Idole en albâtre découverte au tell Brak, 3500-3200. Musée d'Alep.
120 Découverte et dégagement de la statue d'Ishtup-ilum à Mari, fouilles Parrot, photographie.
121h Les membres de la mission Parrot autour de la déesse au vase jaillissant, photographie, 1936.
121b Soldat et porteur d'emblème, détail d'une mosaïque, coquille, du temple d'Ishtar à Mari. Musée du Louvre, Paris.
122/123h Vue aérienne du site de Mari, photographie, 1937.
122b Maquette de l'ensemble officiel (cour 106, salle 64 et salle du trône) du palais de Mari lors de sa découverte. Musée du Louvre, Paris.
123b Maquette du même secteur restitué.

Ibidem.
124/125b Deux statues d'orants provenant du temple carré de Eshnunna, albâtre, vers 2600. Musée de Bagdad.
125h Restitution du temple ovale de Khafadjé, dessin de E. Darby, 1934.
126 Portrait de Fuad Safar, photographie *in Mesopotamia*, 1978.
127 Vue générale des fouilles américaines de Nippur, photographie, vers 1970.
128 La porte d'Ishtar de Babylone, lithographie *in* E. Unger, *Sumerische und akkaddische Kunst*, 1926.

TÉMOIGNAGES
ET DOCUMENTS

129 Frontispice de *The Monuments of Nineveh*, H. A. Layard, 1849.
130 Page de titre de *Nineveh and its Remains*, H. A. Layard, 1849.
131 Découverte de la statue de Nimrud, gravure. *Ibidem.*
132/133 Transport des antiquités, gravure *in* V. Place, *op. cit.*, 1867.

134/135b *Kéleks* servant au transport des antiquités, gravure. *Ibidem.*
135h Bas-relief assyrien montrant le transport sur le Tigre, gravure. *Ibidem.*
136 Le lion de Babylone, gravure *in* Jane Dieulafoy, *La Perse, la Chaldée et la Susiane*, 1897.
138 Birs Nimrud ou la tour de Babel, gravure. *Ibidem.*
140/141 Des touristes dans une avenue de Babylone reconstituée, photographie.
141hg Saddam Hussein et Nabuchodonosor représentés côte à côte sur une fresque en Irak.
141hd La porte d'Ishtar reconstituée sur le site de Babylone, photographie.
142 Max Mallowan sur le chantier d'Ur, photographie.
143 Equipe des fouilleurs de Ur en 1928-1929. De gauche à droite, Mallowan (l'homme à la moustache), sir Leonard Wooley, Lady Wooley, le père Burrows, épigraphiste.
146 L'aile nord du

palais de Nimrud, photographie *in* Max Mallowan, *Nimrud and its Remains*,1966.
147 La ziqqurrat de Nimrud, photographie. *Ibidem.*
148 Portrait de l'assyriologue Wallis Budge, mandaté par le British Museum pour récupérer des tablettes assyriennes qui transitaient entre les différents sites irakiens et Bagdad, photographie.
149 Fouilles de Ninive en 1930-1931, photographie.
150/151hg Les taureaux de Khorsabad, à l'entrée des salles assyriennes du musée du Louvre, photographie.
150/151bg La présentation des salles assyriennes en 1909, photographie.
151hd Déménagement d'un des taureaux de Khorsabad en juin 1992, détail.
151bd Un des taureaux de Khorsabad lors de son transfert dans la cour du Louvre, photographie, 1992.

INDEX

A

Abraham 108.
Abu-Habba 127.
Abu-Salâbîkh, tell 100, 126; temple d' 124.
Académie des inscriptions et belles-lettres 52.

Achéménides 18, *29*, 39, 57, 98.
Adad *81, 99;* Shamshi-119.
Adanirâri II 119.
Adanirâri III 119.
Agadé 13, 116.
Agnadana *19.*
Agrab, tell 124.

Ahura-Mazda 24.
«Akkad» 56.
Akkadé, roi *114, 116.*
Akkadiens, les 52, 57.
Alep, roi d' *123.*
Amar-Sin *86.*
An, dieu *105.*
Anatolie 114.
Andrae, Walter *100,*

101, *101.*
Aqarqûf 125.
Arpatchiya 119, *119.*
Artaxerxès Ier 20, *29.*
Asmar/Eshnunna, tell 124, *124.*
Assur *44*, 45, 91, 100, *100, 101.*
Assur-etel-ilâni 69.

Assur-nasir-apal II *40,* 68, 69.
Assur-uballit 104.
Assurbanipal *46,* 68, 76.
Assyrie 13, *38,* 45, 65, *71,* 100, 116, 119.
Assyriens, les 16, 39, 44, 50, 57, 65, 82, 84, 104.

B

Babel, tour de *13, 15, 31,* 93.
Babylone 13, *13, 15,* 16, *17, 31, 81,* 86, 91, 92, *92,* 93, *93,* 95, 98, 99, 100, 111, 114, 124.
Babylonie 38, 82.
Babyloniens 39, 57, 104.
Bagdad *17, 31, 34,* 56, *62,* 99, 104, 124, 125, 126.
Bagistana *24.*
Barda-Balka 115.
Barhein, île de 126.
Bassorah 83, 104.
Behistun *24,* 25, *27.*
Bérose 16.
Bible 14, 15, 39, 44, 48.
Birs Nimrud, tell *31,* 68.
Blau, D^r *48.*
Boghaz Köy 114.
Borsippa *15, 31.*
Botta, Paul-Emile 61, 65, *65,* 66, 68, 69, 76.
Brak, tell 119, *119.*
British Museum de Londres *39,* 69, 76, *76, 77.*
Bruin, Cornelius *22.*

C

«Caillou Michaux», le *17.*
Cambyse 20.
Caylus, comte de *20.*
Chagar Bazar 119, 126.
Champollion 19, 23, 32.
Chiera, Edward 116.
Coste, P. *19.*
«Cylindre Bellino» *43.*

Cyrus le Grand 20, 21, *29,* 38.

D

Darius Ier *18, 19,* 20, 21, *24, 29,* 32, *35.*
Della Valle, Pietro *15,* 16, *16, 31.*
Déluge, récit du *46,* 48; tablette du 47, *47.*
Diodore de Sicile 15.
Diyâlâ *34, 62,* 124, *125.*
Djemdet Nasr 111.
Dûr-Sharrukîn 65, 119.
Dûr-Kurigalzu 125.

E

Eanatum, roi *84.*
Eanna, temple d' 104, *105.*
Ebih-il *113.*
Ebla 114.
Ecbatane *19, 24, 25.*
Ecritures/langues
- akkadien 44, 50, 52, *54, 109,* 114, 115, 117; sémitique 57.
- arabe 44.
- araméen 44.
- assyrien, l' *39, 43,* 44, 45, 48, *52,* 53, 54, 55; sémitique 84.
- avestique *23,* 24, 44.
- élamite *33,* 34, *34,* 52, 58, 114, 117.
- hébreu 44.
- «moyen-perse» *23.*
- «non sémite» 50, 51, 52, *52.*
- pehlvi *23.*
- perse 16, *16, 19, 23.*
- sémitiques 43, *52,* 54, 114, 115, 117.
- sumérien, le 52, *54,* 55, 56, 57, 58, 59, *83,* 84, *84,* 86, 109, 115, 117.
- «vieux-perse» *16,* 19, *21,* 22, 32, 33, 40, 44, 47.
Egypte *15,* 50.
Ekishnugal 109.
Ekur *63, 89.*
Elam *33,* 35, 114, 124.
El-Obeid, tell 111, 115.

El-Rimah, tell 126.
Elvend, mont *19.*
Enki/Ea *113.*
Enlil *86, 89;* Shubat- 119, 126; temple d' *63.*
Entemena 83, *84.*
Eridu *113,* 125, *126.*
Esagil, temple d' 93, *93,* 95, 99.
Eshnunna *34,* 126.
Euphrate *13, 15,* 78, 98, 99, 104, 108, 120.
Expédition scientifique et artistique de Mésopotamie et de Médie (J. Oppert et F. Thomas) 62.

F

Fâra 100.
Flandin, Eugène *19,* 65.
Frankfort, Henri 124.
Fresnel 78.

G

Gasur 117.
Gilgamesh *67.*
Girsu 83.
Goethe 64.
Grecs séleucides 98.
Grotefend, Georg Friedrich 20, *20, 21,* 22, 23, *23,* 33, *43,* 46, 56.
Grundzüge der sumerischen Grammatik (A. Poebel) 59.
Gudéa, prince *55,* 83, *83.*
Gula, déesse 99.

H

Habur, bassin du 119; haut 126.
Halaf, tell 115, *116,* 119.
Halévy, Joseph 52, *52,* 53, *53,* 55.
Hamadan *19,* 25, *35.*
Hammurabi *34,* 98, 114, 126.
Hariri, tell 120.
Harmal, tell 126.

Hassuna 115, *115, 126.*
Hatra *126.*
Hattusa 114.
Hérodote 15.
Hilleh *31.*
Hilprecht, Hermann 87.
Hincks 23, *44,* 45.
Hurrites, les 117.
Hystaspe 20, 21.

I

Inanna *105.*
Inscriptions cunéiformes de l'Asie occidentale 47.
Inscriptions de Sumer et d'Accad, Les (F. Thureau-Dangin) 56.
Inscriptions in the Cuneiform Character from Assyrian Monuments (H. A. Layard) *39.*
Irak *63, 81,* 127, *127.*
Iran 35.
Ishchali 124.
Ishtar, déesse 101; porte d' *98,* 99; temple d' *92,* 95, *113,* 119, 121.
Ishtup-ilum, statue d' *120.*
Isin 126.

J

Jérusalem 39.
Jordan, Julius 104, *105,* 106.
Julien l'Apostat 15.

K

Kalakh (Nimrud) 13, *38,* 68, 119.
Kerbela 126.
Ker Porter, Robert *27, 29, 31.*
Khafadjé 124, *125.*
Khorsabad *40,* 61, *61,* 65, *65, 67,* 68, 76, *78,* 119.
Kirkuk, tell 116.
Kirmanshah *24.*
Kish 83.
Koldewey, Robert 92, *92,* 99, 100, 104.

Kouyoundjick (*voir* Quyundjiq) 61.
Kudurru 17.
Kurdistan irakien 115.
Kush 13.

L

Lagash 83, *84.*
«Lamassu» *75.*
Larsa 78, 126.
Layard, Henry Austen *39, 61,* 68, *68,* 69, *71, 87, 73, 77, 119.*
Lebrun *22.*
Lêlan, tell 126.
Lenzen, Heinrich 106.
«Lettre à M. Dacier» 22.
Loftus, William Kenneth 78, 104.
Louis-Philippe 66.
Louvre 78, 83.
Luh, tell 83.
Lullu *114.*

M

Malan, Solomon *71.*
Mallowan, Max 119, *119.*
Mardikh, tell 114.
Marduk 93, *93,* 99, *99.*
Mari *113, 120, 121,* 124; palais de 120, *123.*
Mèdes 35.
Mesilim 83.
Michaux, A. *17.*
Mitanniens, les 117.
Morgan, Jacques de *33.*
Mossul 16, 65, 68, 69, 76, 126.
Münter 23.
Muqayyar, tell 108.
Musée de Berlin 99.

N

Nabonide *98,* 109.
Nabuchodonosor II *42, 43, 95,* 98, *99,* 109.
Naqsh-é Roustam *18, 29.*
Narâm-Sîn, stèle de *34,* 114, *114,* 119.
Nêribtum 124.
Niebuhr, Carsten 16, *16, 21, 22, 23.*

Nimrud 13, *31, 38, 39, 61,* 68, *68,* 69, *71, 73, 75,* 78, 119.
Ningirsu *84.*
Ninive 13, 16, 45, 65, *65,* 68, 69, *71,* 78, *78,* 118, 119, *119.*
Ninive et l'Assyrie (V. Place) *78.*
Ninmah, déesse 99.
Ninurta, dieu 99, 119; temple de *75.*
Nippur *33, 63,* 86, *86, 87, 89,* 116, 126, *127.*
Norris 23.
Nouvelles Contributions au déchiffrement des cunéiformes babyloniens (G. F. Grotefend) *42.*
Nuzi *116,* 117.

0

Oppert, Jules 23, *44,* 45, *52, 62,* 78.
Oriental Institute, Chicago 124.

P

Palestine 14.
Parrot, André 120.
Pasargades *29.*
Persépolis 16, *16,* 18, *18, 21, 23, 29,* 65.
Place, Victor *67,* 76, 78, *78.*
Pline l'Ancien 15.
Précis d'allographie assyrobabylonienne (J. Halévy) *53.*
Proche-Orient *48,* 65, 115, *123.*

Q

Qala'at Shergat *44,* 45, 100.
Quyundjiq 65, 69.

R

Rask 23.
Rassam Hormuzd 69, 83.
Ras Shamra 114.
Rawlinson, Henry

Creswicke. 23, 25, *25,* 37, *44,* 45, 68, 69, 76, 108.
Rich 23.
Royal Asiatic Society, Londres 45.

S

Sachau, Eduard 92.
Sacy, Silvestre de *22,* 23, *23.*
Safar, Fuad *126.*
Salmanassar III *38.*
Samarra 115.
Sargon II d'Assyrie *40,* 65; le Grand 116; palais de 65, *78.*
Sarzec, Ernest de 83, *83.*
Sassanides 18.
Scheil, Vincent *33.*
Scythes 35, 52.
Séleucie 126.
Sémites 50, 52, *52,* 55, 56.
Senkereh 78, 126.
Sennachérib 69, 76.
Shaduppûm 126.
Shamash, dieu 101.
Shanidar 115, *115.*
Shurupak 100.
Sîn, dieu 101, 109; temple de *125.*
Sippar 116, 127.
Smith, George *47,* 48.
Stèle des Vautours 83.
Strabon 15.
Sumer, pays de 13, 57, 81.
Sumériens, les 52, 57, 82.
Suse *33, 34,* 114, *114.*
Syrie 114, 120.

T

Talbot 23, *44,* 45.
Taureau, 68, *73, 76,* 78, *99;* homme- *40,* 65.
Tavernier, Jean-Baptiste 16.
Taylor, J. E. 108.
Teglatphalassar Ier *44,* 45, 47.
Tellô *55,* 83, 84, *84,* 86.
Thomas, Félix 61, *62,*

67, 78.
Thureau-Dangin, François 56, *57,* 58.
Tigre *13,* 65, 68, 78, 101, 119.
«Touraniens» 52.
Tranchand 78.
Tudèle, Benjamin de 16.
Tukulti-Ninurta II *101.*
Tutub 124.

U

Ugarit 114.
Umma *84.*
University Museum, Philadelphie *89.*
Uqair, tell *126.*
Ur *86,* 108, *108, 110,* 111, *111, 119, 121,* 125.
Ur en Chaldée (L. Wooley) *109.*
Uruk 13, *50,* 78, 91, 104, *105,* 106, 108; temple C d' *106.*

W

Warka 78, *81,* 91, 104.
Wooley, Leonard 81, *108,* 109, *109.*

X

Xénophon 15.
Xerxès Ier *19,* 20, *20,* 21, *21, 29.*
Xerxès II *29.*

Y

Yorgan tépé 117.

Z

Zâb *13,* 100; Grand 68, 115.
Zagros *114.*
Zend-Avesta, ouvrage de Zoroastre (A. H. Anquetil-Duperron) *23.*
Zimri-lim, palais de *123.*
Ziqqurrat *15, 38, 63, 67, 89,* 104, *109, 113;* d'Aqarqûf 125; de Marduk 93, *93,* 99.

CRÉDITS PHOTOGRAPHIQUES

BPK/J. Lieppe, Berlin 81, 92/93, 98/99, 99h, 99b, 100d. Bibl. Nat., Paris 14, 15, 16d, 17, 19b, 21h, 21b, 22h, 22b, 25h, 37, 42/43h, 43b. J. Bottéro, Paris 105g, 105b, 106. British Library, Londres 26/27, 28/29, 30/31, 70/71, 74/75. British Museum, Londres 6/7 (fond), 8/9, 25h, 38, 39, 41b, 42b, 44, 46, 47b, 48/49m, 68/69, 69b, 69h, 72/73, 73h, 75, 77b, 108, 109h, 109h,142, 143, 148. M.Chassat/Service des travaux muséographiques, Paris 151bd. CNMHS, Paris 150/151hg, 150/151b. HarperCollins Editions, Londres 146, 147. Dagli-Orti, Paris 4/5 (fond), 8/9 (fond),12, 13, 35, 40, 55g, 55d, 64h, 113, 115h, 119b. D.R. 4/5, 48/49h, 48/49b, 51m, 93b, 112, 115b, 116g, 116d, 117h, 117b, 118, 118/119h. Deutsches Orient-Gesellschaft, Berlin 94/95h, 94/95b, 96/97, 105. Fiore/Explorer, Paris 36. Thouvenin/Explorer 64/65, 141hd. Gallimard Jeunesse, Paris couv, 1er plat, dos, 4e plat, 11, 20, 21m, 23h, 33, 34, 47h, 56/57, 57b, 60, 61, 62/63, 65, 66/67, 67h, 76hg, 76hd, 76b, 78h, 79h, 79b, 82b, 85, 101, 104/105, 129, 130, 131, 132/133, 134, 135b, 135h, 136, 138. Deville/Gamma, Paris 140/141. Avec l'aimable autorisation de Gebr. Mann Verlag, Berlin 100g, 102/103. M. Holford, Londres 110. Gerster/Rapho, Paris 59h, 59b, 63, 80, 90h, 90b, 91. E. Lebreton, Paris 151hd. E. Lessing/Magnum, Paris 114, 121b, 124/125. Mission archéologique de Mari, Strasbourg 2/3 (fond), 2/3, 120, 121h, 122/123h, 122b, 123b. Musée du Louvre, dép.des Ant. orient. 32, 41h, 50/51, 54, 78b, 128. Oriental Institute, Chicago 6/7, 45, 125h. RMN, Paris 57h, 67b. Royal Asiatic Society, Londres 149. De Mulder/Sipa Press, Paris 141hg. M.-J. Stève, Nice 1, 18, 19, 24, 58h. Victoria and Albert Museum, Londres 77h. The University Museum, University of Pennsylvania, Philadelphie 86, 87h, 87b, 88, 89.

REMERCIEMENTS

Les éditions Gallimard Jeunesse remercient : Elisabeth Lebreton et Nicole Chevalier, musée du Louvre, département des Antiquités orientales; Eric Jean, du Collège de France; les éditions Harper Collins et le Masque pour l'aide apportée à la réalisation de cct ouvrage.
L'éditeur remercie particulièrement le cabinet d'Assyriologie du Collège de France qui a autorisé la reproduction de nombreux documents appartenant à ses fonds.

COLLABORATEURS EXTÉRIEURS

Maquette : Vincent Lever
Cartographie (p. 107) : Patrick Mérienne
Prises de vues photographiques au Collège de France : Patrick Horvais.

Table des matières

I LE SECRET DES «ÉCRITURES PERSÉPOLITAINES»

14 Légendes bibliques
16 Des formes de coins et de clous
18 Inscriptions royales
20 Une géniale intuition
22 Vieux-perse et avestique
24 Le rocher de Behistun
26 *Un romantique au désert*
28 *Tombeaux rupestres*
30 *Birs Nimrud*
32 Les pionniers de Suse
34 L'élamite, parent pauvre de l'assyriologie

II LES DÉCHIFFREURS

38 L'obélisque noir
40 Les supports de l'écriture
42 Un système graphique alambiqué
44 L'assyrien décrypté
46 Révolution chez les biblistes
48 Du pictogramme à l'idéogramme
50 Signes d'argile
52 Polémiques savantes
54 Tablettes antiques
56 «Les Inscriptions de Sumer et d'Accad»
58 Une langue retrouvée

III PALAIS ASSYRIENS

62 De mystérieux tells
64 «Ninive est retrouvée»
66 La grandeur de Sargon
68 Layard à Nimrud
70 *La première fouille anglaise en Assyrie*
72 *Des taureaux monumentaux*
74 *Génies ailés*
76 Du site au musée
78 Khorsabad, la splendeur retrouvée

IV L'HISTOIRE COMMENCE À SUMER

82 Le royaume de Gudéa
84 L'archéologie au secours de la philologie
86 Les Américains dans la mêlée
88 Nippur, la ville sainte
90 Comprendre et ordonner
92 La cité légendaire
94-96 *La Babylone de Nabuchodonosor*
98 La porte d'Ishtar
100 La redécouverte d'Assur
102 Un temple assyrien, vision d'archéologue
104 Uruk, le berceau de l'écriture
106 La méthode allemande
108 Le trésor d'Ur
110 Un sinistre rituel funéraire

V UNE RECHERCHE INTERNATIONALE

114 L'empire mésopotamien
116 La découverte des Hurrites
118 Mallowan à Nimrud
120 La somptueuse demeure de Zimri-lim
122 Un palais labyrinthe
124 Les adorants de la Diyâlâ
126 Science et politique

TÉMOIGNAGES ET DOCUMENTS

130 Le temps des consuls-archéologues
136 Babylone, la splendeur déchue
142 Sur les traces de Layard
148 Une discipline ingrate?
150 Les collections assyriennes du Louvre
152 Annexes